ザ・ビートルズを
ピンクのキャデラックに乗せた男

ジョン・レノン
東京ヒルトンホテル
脱出行

入内島泰広

文芸社

ザ・ビートルズをピンクのキャデラックに乗せた男

ジョン・レノン
東京ヒルトンホテル
脱出行

目次

序章

「ミスターイチジマ、実は折り入ってあなたにお願いがあるのですが……」

一九六六年六月三十日、ザ・ビートルズが日本に来日して二日目の朝食後、メンバーの一人であるジョン・レノンが、滞在している東京ヒルトンホテルの十階に彼らと共に滞在していた私の父の部屋を、何の前触れもなく訪ねてきた。

父、入内島登（当時三十八歳）。彼はピンクのキャデラックを運転し、ビートルズを羽田空港から宿泊先の東京ヒルトンホテルまで運んだ男である。

ジョンの突然の訪問に一瞬驚愕したもの

の、すぐに笑顔を作ってジョンを自室に招き入れた。

「イチジマさん、僕が以前から日本の文化に大変興味を持っていたことは、あなたもご存知ですよね？」

父はビートルズに関する知識をほとんど有していなかったものの、前日羽田空港からホテルまで彼らを運ぶ道中での会話によってジョンが日本文化をこよなく愛し、日本に関する知識が豊富なことは把握していた。

「ああ、もちろんきみが親日家だってことはよくわかっているよ」

彼がその後何を言い出すか予想もついていなかったが、話を合わせるように同意して見せた。

少し安心したような表情を浮かべたジョンは、その言葉に勇気を得たかのように、意を決した目で言葉を続けた。

「僕は、様々な日本文化の中でも、特に壺や漆器類など日本の骨董品にとても興味があるのです。それらの中には、本当にすばらしいものがたくさんあることを僕は知っています。そこで、いつの日か日本を訪れることができたならば、是非それらのものを自分の目で直接見て、自分の足で探しながら買い集めたいものだと長年考えていたのです」

　次第に熱い口調に変化していくジョンの様子に、父はやや不安を覚えながらも、まずは彼の話を最後まで聞くことに徹した。

「それから、僕がチェスを好きなことは知っていますよね」

　もちろん父がそんなことを知っているはずもなかったが、とりあえず
「ああ、もちろん知っているよ」

　とうなずいて見せた。

　ジョンは再び安心したように
「僕は以前から、象牙でできたチェスがあれば買いたいと思って探していたのです。日本には象牙を扱った品もたくさん売られていると聞きました。イチジマさん、どこか象牙を専門に扱うお店をご存知ないですか」

父は、ジョンの話がやはり予想通りの方向へ進んでいると察知し、これから言われるであろう難題をなるべく考えないようにしながら

「ああ、象牙を扱った専門店なら青山にあるから、ここからすぐ近くだよ」

と答えた。

それを聞いた途端、ジョンの目が輝いた。

「ワァオ〜、グレイト！　それでは、お願いがあるのですが。イチジマさん、僕は今回来日できた記念に、是非とも自分の足で骨董品や象牙を扱っているお店に行き、自分の目で確かめながらショッピングをしたいと考えています。だけど、見ての通りこの厳重な警備の状態では、僕たちはどこへも出られやしないのが実情です。本当に困ったものです。僕たちはいつでも、どこの国に行っても、自由に買い物すらできずに、常にホテルの中で缶詰状態。ひどいものです。これじゃあ何のために働いているのだかわかったものじゃありません……」

ジョンは話すうちに次第に不満が募り、今にも爆発しそうになる気持ちを必死に抑

えているような表情を浮かべた。

少し間を置き、ふと我に返ったように冷静さを取り戻すと
「ソーリー、本当にごめんなさい。イチジマさんにこんな愚痴を言っても仕方がないことなのはよくわかっているのです。ただ、もし僕の気持ちが少しでも理解できるのなら、今から話すことをぜひ叶えていただきたいのです。どうかイチジマさんの力で僕を外に連れ出してはくれませんか。僕を骨董品や象牙を扱っているお店に連れて行ってほしいのです。お願いです」

ジョンからの突然の依頼は予想通りのもので、父は大いに困惑した。

なぜなら前日、羽田空港からこの宿泊先のホテルまで彼らを連れてくる際にも、何人もの警察関係者が動員され、複数台のパトカーに前後を挟まれる厳重体制の中でようやくたどり着いたのだ。

それはまるで猫の子一匹たりとも近づけないような厳しさで、大変な思いをしたことが記憶に新しい。

これほどまでの厳重体制を経験したのは父にとっても初めてのことだったし、今この時も周辺には多くの警察官がホテルの出入りを厳重に警備している様子が十階の窓からも見下ろせた。

また、警察関係者のみならず、ひと目でもビートルズの姿を見たい、彼らの姿を写真に収めたいと願う大勢のファンやマスコミ関係者が待ち構えていた。

ビートルズのメンバーはジョンの言うとおり、ライヴで武道館へ行く以外は、日本での滞在中一切の外出を禁じられていた。

バンドの練習さえホテルの中に用意された一室で行っていたくらいである。

それ故に、父にとってみれば彼らの滞在中はどんなことがあっても彼らを保護し、最終日羽田空港まで無事に送り届けてあげることが、自分に与えられた何よりも大切な使命であると自覚していた。

それがあろうことか、その気持ちと正反対の依頼を今、目の前でジョン・レノンがしてきたのであった。

ジョンの祈るような彫りの深い瞳で見つめられ、一瞬父は自分に与えられた使命を忘れ、『彼の期待に応えるべき方法はないものだろうか』と思案をめぐらせた。
しかし、苦渋の中から父は
「申し訳ないけど、この警備の中できみを外に連れ出すことは不可能だよ。きみの気持ちはよくわかるから、なんとかしてあげたいのは山々なんだけど……」
としか言えなかった。
ジョンは予想外の回答だったのか、打ちひしがれたような表情を浮かべ
「そこを何とか考えてみてはくれませんか……。今すぐでなくても構いませんから、日本滞在中にどうにかその機会を作ってほしいのです……。お願いです」
再び祈るような瞳で父を見つめた後、父の反応がないのを見ると
「まあ、今すぐにとは言いませんのでもしも、何かいい考えが浮かんだら僕に声をかけてください。ミスターイチジマを信じています。期待しています！」
と両手で父の腕をつかむと、すがるようなまなざしを送り、ややうなだれながら自

室へと戻っていった。

ジョンが日本をこよなく愛してくれている気持ちは、日本人である父にとってもとても嬉しいことであったし、彼らがせっかく大変な思いをして日本まで来ているのだから、何とかして滞在中に夢を叶えてあげたいという気持ちはあった。

しかし与えられた課題のハードルは、あまりにも高い。

父は一人ベッドに腰掛けながら、何かいいアイデアはないものかと必死に考え、頭の中で試行錯誤を繰り返した。

そして数十分後、ついに父は自分が後々非難を浴びるであろうことを覚悟した上で、ジョンの願いを叶えてあげようと決断した。

一　ピンクのキャデラックの所有者

ポール・W・オーレル

当時父が勤務していたオーレル・インシュランス・カンパニーの社長、ポール・W・オーレルは戦後アメリカからマッカーサーの進駐軍と共に来日し、情報部の将校として日本の情報を集めていたが、その後除隊し、一九四六年にＡＩＵ保険会社の日本支部を設立。初代の日本総支配人に就任した。

その後、一九五〇年に独立してオーレル・インシュランス・カンパニー（保険代理店）を設立し、社長として君臨。

一九五六年父は引き抜かれ、社長秘書としてポール・W・オーレルとの付き合いが始まった。

彼は父のことを「ジミー」と呼んでいた。「イチジマ」という苗字を外国人が発音すると「イチジ〜マ」となり「ジマ」が強いアクセントで発せられる。これが「ジ〜マ」から「ジマー」となり「ジミー」へと変化したようだ。

入社以来、オーレル社長は父を自分の息子のように可愛がってくれ、公私にわたっ

てよく面倒を見てくれていた。
父ばかりか、父にとって妻である私の母や、息子である私や弟に対しても、まるで自分の娘や孫のように可愛がってくれて、毎年クリスマスには欠かさずプレゼントをくれたり、夏には各地に所有している自分の別荘を私たち家族のために開放してくれたりした。
私たちが子供の頃、毎年夏休みになると葉山や軽井沢、天城や箱根など各地にオーレル社長が所有していた大きな別荘を利用させてもらい、一週間くらいの期間海や山で自然と戯れることができた。

数々の別荘をお借りした中でも、幼少時代の私たち兄弟にとってもっとも思い出深かった場所といえば、静岡県の天城である。

この別荘は周囲にまったく家が隣立していなく、大自然の中にポツンと一軒だけ建てられていた。

そのため、周辺を朝夕に散歩していると、突然野うさぎが目の前に飛び出してくるようなこともあり、東京で生まれ育った私たちにとっては驚きと興奮に満ちた「何にも代えがたい貴重な経験」をさせてくれた場所であった。

初めて洋式のベッドで寝たのもこの別荘だったし、弟が初めて泳げるようになったのも、ここの別荘の大きな湯船の中で練習したときであった。

また、別荘内を弟と探検するうちに、二階のバルコニーから一階へ降りようと試み、足が届かず宙づりになって危うく大けがをしそうになり父に助けられるといった貴重な（？）経験をしたのも、この別荘であった。

ここで過ごした一週間は、あらゆる意味において私たち兄弟の人生に大きな意義をもたらしてくれる貴重な時間となった。

それらの別荘に行く際は、社長が所有しているピンクのキャデラックやポンティアックなど、好きな外車を何でも自由に父に使わせてくれた。

というよりは、日ごろからそれらの車は公私問わず父に自由に使わせてくれていたため、家族でどこかへ出かけるとき以外でも、時々父は通勤にもキャデラックやポンティアック、イギリス製ヒルマン社の小さな外車などを使用していた。

しかしながら、当時私たち家族が住んでいた東京都江戸川区平井の自宅周辺には車を停めておけるような場所がなく、一九六五年に転居した埼玉県川口市は、当時は埼玉県北足立郡鳩ヶ谷町大字三ツ和字西沼という住所が示す通り、あちらこちらに田畑が広がり、川や沼ではメダカ、フナ、クチボソ、ドジョウ、ザリガニ、タニシなどが獲れる自然豊かな田舎町で、国道さえもまだ舗装がされていなかったような時代だった。

そのため、キャデラックを路上に停めておくと珍しがってすぐに人が集まってきた。

私が小学四年生、弟が小学一年生の時に私たちは東京の小学校から埼玉の小学校へ転校したのだが、その初日父は約一ヵ月後にビートルズを乗せることになるピンクのキャデラックに私と弟を乗せ小学校まで連れていった。

学校の前に停車すると瞬く間に児童が集まってきて大騒ぎになった。教室に入った後も、後から登校してきた児童が
「オレ、今ピンクのすごいかっこいい外車見たぜ。後ろがロケットみたいになってたぜ」

と誇らし気に語っていた。

実は私がその車に乗ってきたんだといくら説明しても友達は一向に私の話を信じてくれようとはしなかったのを覚えている。

また珍しさからいたずらをされることもしばしばあり、通勤で自宅までキャデラックに乗ってきた際に、近くの路上に駐車していたところシンボルマークとしてボンネットの前方に飾られているエンブレムマークを夜間にもぎり取られたこともあった。それ以来父はあまり通勤にキャデラックを使用することがなくなってしまった。

オーレル社長の私たち家族に対する溺愛ぶりを象徴するような出来事があった。それは、当時私が所属していた少年野球のチームが地区優勝した際に、オーレル社長がチームメンバー全員を東京都港区にある自宅の高層マンションに招待し、祝賀パーティーを開いてくれたのである。

当時の鳩ヶ谷町に住む子供たちが、東京タワーの目の前にそびえ立つ高層マンションに招かれ、野球のデザインを施した特別注文の大きなデコレーションケーキや、その当時世間にはまだあまり出回っていなかったコカコーラでもてなしを受けたのだから、驚きはひとしおであった。

その上、なんと朝日イブニングニュースの英字新聞の記者を自宅に呼び寄せ、チーム全員が並んだ写真を撮らせて新聞に掲載させてしまったのだから、なんともスケールが大きく、その可愛がり様といったら尋常ではなかった。

極めつけに選手全員にトロフィーを与え、監督や試合でもっとも活躍した選手（最高殊勲選手賞受賞者）には賞金まで与えたのだから言語に絶する。

それほどオーレル社長は父のことを大切にしてくれ、父もまたそれに応えて、社長のためには骨身を惜しまずに働いていたようである。

それ故、外資系の会社だけに当時から土曜日も休日が与えられていたにも関わらず、土曜日や日曜日に突然公用や私用で呼びつけられることもしばしばあったが、父は嫌な顔ひとつせずに出かけていった。

オーレル社長は、オーレル・インシュランス・カンパニーの社長であると同時に、ジャパンタイムズのプレスクラブの会員でもあった。

Little Leaguers Entertained

ASAHI EVENING NEWS, SATURDAY, DECEMBER 9 1967

そのため、彼は日本の様々な情報を拾い集めて書いたり、行事やイベントなどについて取材しては記事にしたりしていた。

そこで、彼は日ごろから情報を収集するために、毎晩勤務が終わる頃になると、東京ヒルトンホテルはもちろんのこと、帝国ホテル、ホテルオークラ、ホテルニュージャパンなど、あちらこちらのバーに行っては、お酒を飲みながらそこで親しくなった人たちと歓談する中から様々な情報を集めていた。

その時にホテルニュージャパンにおいて出会い親しくなったのが、後にビートルズを日本に招いた協同企画の永島達司氏であった。

父も毎夜のようにこの飲酒の場に同席させられたが、車を運転する関係で当然お酒は飲めず、当時日本ではまだ珍しかったジンジャーエールをひたすら飲んでいたと、懐かしそうに語った。


オーレル社長は、元アメリカ陸軍アジア地区情報部の将校で、日本のことをよく知っていたことから、在日アメリカ人の中においてもとても信望が厚かった。

当時の駐日アメリカ大使とも親交が深く、何か困ったことがあるとしばしば知恵を貸してほしいと依頼されることがあったという。

その中のひとつの出来事として、大使からオーレル社長に次のような相談が持ちかけられた。

『実は、近々アメリカ人初の宇宙飛行に成功したジョン・H・グレン宇宙飛行士が来日して講演を行うことになったのだが、彼は日本の生活に非常に興味を持っていて、最終日に一日だけフリーな時間を作って、随行員や報道関係者から離れ、奥さんと二人だけで日本の家に滞在し、日本食を食べ、日本人と同じ生活様式を体験してみたいと言っているんだよ。ミスターオーレル、きみの力でなんとか彼の望みを叶えてあげてはくれないか』

という内容だった。

ジョン・H・グレン宇宙飛行士とは、一九六二年にマーキュリー六号に乗って、アメリカ人初の地球周回軌道飛行をすることに成功した世界的にも有名な宇宙飛行士である。

オーレル社長は快く承諾したものの、どこでどのようにしたらよいものやら思案に暮れ、とうとう父を呼び出し助言を求めた。

父は迷わず

「それなら、箱根にあるあなたの別荘を貸してあげればいいのではないですか。あそこなら温泉街で日本の伝統的な街並みも見ることができるし、自然環境も豊かです。

それに、生活に必要な家具類や電化製品も備わっているので、グレン夫妻の願いをすべて満たしていると思いますよ。よろしければ私がご夫婦を連れて行き箱根を観光させた後、別荘へと案内して、電化製品などの使い方や日本の生活様式を教えて差し上げますが、いかがですか？」

と提案すると、オーレル社長は満面の笑みで、

「オ〜、グッドアイディア！　ジミーさん。それはいい考えだよ。あなたに相談してよかった。それでは、早速その方向で手配してください。よろしくお願いします」

と快諾したという。

数日後、オーレル社長から大使に伝えると、大使も大喜びで賛同し、父がグレン夫妻を箱根の別荘へ連れて行くことで話がまとまった。

数週間後来日したグレン宇宙飛行士は、予定通り各地での講演を終え、最終日のフリータイムを父の企画に委ねることとなった。

父はグレン夫妻を後にビートルズを乗せることになるピンクのキャデラックに乗

せ、箱根へと案内した。

箱根の別荘には、日常そこを管理している女性が一名いた。

その女性は、社長夫妻が宿泊する際には、食事や身の回りの世話などをすべて行っていた。

その女性に父は事前に連絡をし、夕方グレン夫妻を連れていくので夕飯には、お刺身や煮物天麩羅《てんぷら》・すき焼きや焼き魚、酢の物など日本食のみを出せるように準備しておくことを指示した。

さらに入浴後には、日本人が昔からくつろぐために着用していた古式伝統的着衣である浴衣を二人分用意しておくように依頼した。

箱根の有名な観光地、大涌谷などを案内した後、別荘へ連れていった父は、ひと通り家具や電化製品の使い方、さらには日本の生活習慣や浴衣の着方などについて教えた。グレン飛行士が特に驚き、興味を示したのは、岩で囲まれた間から潤沢に溢れ流れる岩風呂の温泉であった。

父は温泉の効能などについても説明した後
「日本ではお風呂に入るときは、多くの夫婦が一緒に仲良く入るのが普通ですよ。あなたも是非一緒に入って、奥様の背中を流してあげてくださいね」
と説明すると、そういった習慣のまったくないアメリカ人にとっては大きな驚きだったようで、びっくりしたような顔をしながらも
「わかった！　日本の生活習慣に浸ることを希望して連れてきてもらったんだから、今夜は必ずワイフと一緒に入ることにするよ！」
と少し頬を赤らめ、照れながらもお茶目にウインクしてみせたという。

このように海外から取引先や社長の友人、知人、またオーレル社長の兄も当時陸軍情報部の将校としてアジア方面を担当していたため、時々アメリカから彼の友人・知人が日本を訪れた。
その度に父が空港まで迎えに行き、あちらこちら日本の観光地や外国人が喜びそう

な日本の民芸品・骨董品などを扱う土産物店などへと案内をして回った。

そのため、父は当時港区芝界隈の土産物店や箱根湯本辺りの観光地は自分の庭のように案内することができたという。

これが後にジョンを骨董品店等に案内する際に役立つことになろうとは、このときは神のみぞ知るところであった。


一九六六年五月、いつものように社長のポール・W・オーレルと父が社長室で談話をしていた。

「ジミーさん、実は今度協同企画が、世界的に有名なイギリスのロックミュージシャン『ザ・ビートルズ』を日本に招待することになったんだよ。ジミーさんはザ・ビートルズというグループを知っているかい？」

父は首を横に振った。

「そうかい、若者の間ではかなり人気のあるミュージシャンなんだが。実は昨日、協同企画の永島さんから連絡があり、彼らが日本に滞在している期間、彼らに関する賠償責任保険をわが社で入ってくれることになったんだよ。そして、そのついでに私のピンクのキャデラックを運転手付きで貸してほしいと言うんだ。ジミーさんには手数をかけて申し訳ないが、私としてはきみに行ってもらいたいと思っているんだよ。悪いけど手伝ってもらえるかい？」

と、突然父がビートルズの滞在中、彼らの世話をする話を切り出してきた。

ジャズは大好きでよく聴いていたが、ロックにはまったく興味を持っていなかった三十代後半の父にとって、若者の間で世界的に人気のあったザ・ビートルズに関する知識は皆無であった。

もちろん、新聞やテレビで彼らが来日することはすでに報じられていたので、名前くらいは知っていたが、何人のグループでどんな歌を歌うのかなどについてはまったく知らなかった。

そして、彼らが滞在中に自分がどんなことをすればいいのかについても、皆目見当が付かなかった。

ただ、親愛なるオーレル社長から頼まれれば父としても断る理由は何もない。

「もちろん構いませんが、何をすればいいのですか？」

父が尋ねると
「いや、いつものように羽田空港へ迎えに行って、宿泊先のホテルまで送り届け、彼らの滞在中行動を共にし、最後にまた羽田空港まで送ってくれればいいだけだよ。その間に、もしわが社の保険を適用しなければならないような事案が万が一にも発生するようなことがあれば、それについてはジミーさんに対応してもらうことになるが、何も起こらなければ彼らと行動を共にし、協同企画から指示されたことだけを手伝ってくれればいいんだよ。まあ、気楽にやってくれて大丈夫さ。ただし、今回はいつもと違って滞在期間がやや長くなり、一週間くらいは泊り込むことになると思うけどね」

と答えた。

父としては、いつものように一日か二日くらい相手をすればいいのだろうと思っていた。

ところが、一週間と聞きやや驚きはしたものの、だからといって断る理由にもならなかったので、すんなりと承諾した。

最初の二人の会話はこのようにして、これまでのごく一般的な接待のときと同じように気軽に依頼し快諾する、といった経緯で終結していた。

もっとも、オーレル社長もまさかビートルズの来日がこれほどまでに日本中を混乱に陥れるほどの熱狂ぶりとなろうとは、この時点ではおそらく予想さえもつかなかったのではないだろうか。

しかし、彼らの来日が近づくにつれて、当日は警察官も大勢警備に当たるらしいという話が聞こえ始め、次第にこれは常日頃の送迎とは大きく異なるな、ということを父もひしひしと感じることとなった。

数日後、父は今回の出張用務がおおよそ一週間にわたるものになるであろうことについて、家族に打ち明けた。

そのときのことは、当時小学四年生であった私の記憶にもはっきりと残っている。

父は私の母に
「来月イギリスから有名なロックグループが日本にやって来ることになり、彼らの接待をしなくてはならなくなってしまったんだよ。そのため、彼らが日本に滞在している間は一緒にホテルに泊まらなくてはいけなくなったので、一週間ぐらい家には帰ってこられなくなりそうなんだ」

と話した。

母が言葉を発するよりも早く、当時小学一年生だった弟が
「え〜っ、一週間も帰ってこないの？　だめだよ、そんなの。断ってよ」

と、駄々をこねた。

「う〜ん、お父さんも断りたかったんだけど、オーレルさんがどうしてもお願いした

いっていうんだよ。お前たちもオーレルさんのことは大好きだろう？」

そう言われると返す言葉もなかった。

しかしながら、これまで一週間も父親が家を空けたことはなかったので、末っ子の弟は口を尖らせ
「ねえ、断ってよ。だめだよ、絶対に」

と、いつまでも駄々をこねていた。

仕舞いには母に
「仕方ないでしょう、お仕事なんだから。お父さんだって行きたくて一週間も行くわけじゃないの。いつまでもわがままを言って困らせるんじゃありませんよ」

と説教され、それでもまだ納得せずに一人ですねていたため、私も弟と同じ思いを抱いていたくせに、つい兄貴風を吹かせて弟を叱り、兄弟げんかにまで発展してしまったことを記憶している。

「その代わりに、お前たちがいい子で留守番してくれていたら、この出張から帰って

きたらご褒美にお前たちが欲しがっていた自転車を買ってあげるぞ」

父の突然の提案に、私も弟も目を丸くして驚き、飛び上がって喜んだ。

これまで東京に住んでいた頃は、家の前が大きな通りで交通量も多く、自転車がほしいと思ったことはなかった。

しかし、埼玉に引っ越してきてからは、舗装されていない田舎道が多く交通量も少ないことから、同級生の多くがすでに自分用の自転車を持って乗り回していた。

そのため、私も自転車を買ってほしく、何度か父や母にねだったことがあった。

その願いが突然叶えられると聞き、私はすっかり有頂天になった。

そうと決まれば、当然私は『いい子』でお留守番をするしかない。

以来、私は毎日心の中で『早くビートルズが来ますように』と願い、彼らが来日するや否や、今度は『早くビートルズが帰ってくれますように』と祈っていたのを記憶している。

つまり、幼かった当時の私にとってみれば「世界のビートルズ」よりも「一台の自転車」のほうが、はるかに価値が高かったのだから笑える話である。

さて、ビートルズの来日について新聞やテレビでも話題に取り上げられる回数が増えるにしたがって、世間の動きは慌しさを増した。

それと同時に、私たち家族もまた、徐々にではあるがビートルズの存在について認識を深めていった。

だが彼らと直接関わる父は、相手がどんなに人気のあるミュージシャンであっても、なんらそれによって左右されるような気持ちの変化は起きなかったようで、ただひたすら自分に与えられた業務をきちんと責任をもって遂行することだけを考えていたようである。

父は仕事柄、これまでも日本において有名な芸能人やスポーツ選手などに度々出会う機会があった。

しかし、元々芸能界にあまり興味のない父はプライベートで出会った彼らにサインを求めるようなことは一度としてなかった。

「今日、加山雄三がいたよ」

とか

「今日もジャイアント馬場に会ったよ」

などと何気なく話すが

「それだったら、サインをもらってきてくれればよかったのに」

と口を尖らせる私たちに微かな笑みを浮かべ

「だって、プライベートな時間にサインなど求めたら、彼らに対して失礼じゃないか。彼らだって気が休まるときがないだろう。サイン会のような仕事のときと違うんだから、日常の生活にまで負担をかけるべきじゃないんだよ」

とやさしく諭した。

当時の私たち兄弟は、加山雄三の歌が大好きで年中口ずさんでいたし、プロレスといえばジャイアント馬場が人気を誇っていた時代だっただけに、サインをもらってきてくれないことが、残念で仕方なかったような記憶がある。

それでも唯一、生後まもなく私にとっての祖父である父親と死別してしまった父の三歳下の弟へは強い父性愛のようなものが働いているようで、彼にビートルズのサインを頼まれたことだけは常に父の頭の片隅に引っかかっていたようだ。

そして、それが来日直後にピンクのキャデラックの中でビートルズのメンバーから、直接サイン入りブロマイドをいただくことにつながる。

二　ザ・ビートルズ来日

一九六六年六月二十九日、その日父は乗り慣れたピンクのキャデラックを運転し、一路羽田空港へと向かっていた。

オーレル社長から最初にこの話を依頼されたとき、父は会社の取引先相手や社長の友人を迎えに行くときのような、これまで通りの出迎えを想像していた。

しかし、前日に集合場所であり宿泊先でもある東京ヒルトンホテルに足を運ぶと、その予想は根底からひっくり返された。

警察官数百名が動員され、あちらこちらに配備される。

さらに、羽田空港から宿泊先までの道では、彼らを乗せた車の先導や後方に複数のパトカーが配備される計画になっている……など、かつて経験したことのない厳重警備体制の中で出迎えを行うことがわかってきたからである。

『一体全体、ビートルズってどんな存在なんだろう……。これまで海外から大統領や各国の首脳、国賓などが来日するといっても、これほどまでの警備体制はニュースなどでも見たことがなかったが、そんなにもすごいグループなのだろうか……』

ビートルズのメンバーが何人で、誰がいて、年齢はいくつで……などなど、彼らに関する基本的な情報さえ一切持ち合わせていなかった父にとっては、まさに「想像を絶する警備」という一言に尽きた。

これまでの羽田空港における通常の出迎えは、駐車場に車を停めた後「到着ロビー」において訪問者が出てくるのを待ち受け、紙に大きく相手の名前など書いたものを示して出迎えていた。

だが、今回はなんとタラップによって飛行機から降りてくる彼らを、通常はリムジンバスしか立ち入ることのできない場所にまで直接車を乗り入れての出迎えになるという。

しかも周辺ではたくさんの報道陣がカメラを持って待ち構えていて、それらを厳しく取り締まるように警察官が厳重な警備体制を敷いている。

かつて経験したことのないような異様な雰囲気に、父は否が応でも緊張感を抱かずにはいられなかったという。

当初の打ち合わせでは、羽田空港から宿泊先の東京ヒルトンホテルに向かう父のキャデラックには、ビートルズのメンバーではなく、彼らに同行して来日したスタッフが乗ることになっていた。

ビートルズのメンバーは混乱を避けるために、羽田空港ではなく立川に行きそこから協同企画エージェンシーが準備したもう一台のキャデラック・リムジンに乗ってホテルまで来る手はずになっていると父は聞いていた。

しかし、台風の影響があったからなのか、何らかの突発的な原因が発生したためなのか真相はよくわからないが、ビートルズのメンバー及びスタッフ一同を乗せた飛行機は羽田空港へ着陸した。

そのため、本来は彼らを乗せるべく立川へ向かっていたキャデラック・リムジンはホテルに向かって出発する時間までに羽田空港に戻ってくることが間に合わなかった。

そこで急遽、ビートルズのメンバーと彼らと同行したスタッフ一同を、父が運転するピンクのキャデラックや協同企画エージェンシーが準備したグロリアなど他の車数台に分乗させることが決まったようである。

実は、キャデラック・リムジンが羽田空港に間に合わなかったということについて、父が当時聞かされていた理由以外の説もあるらしい。

それは、羽田空港への到着はすでにしていた、というものだ。

前日、キャデラック・リムジンの運転手が車の運転に慣れておきたいがために、長時間試乗していたところ、ただでさえ燃費が悪い車なので、ガソリンを相当量消費してしまったらしい。

そのことに気が付かないまま、当日羽田空港に向かって運転をしていた道中、ようやくそのことに気が付いたという。

万が一、ビートルズを乗せて宿泊先のホテルに向かう途中でガス欠を起こそうものならば、テレビ中継もされている中でとんでもなく恥ずかしい思いをしてしまうことに気づき、慌てて急場を凌ぐ苦肉の策として、キャデラック・リムジンに乗車させることは中止して、ピンクのキャデラックや協同企画エージェンシーが用意したグロリアなど、数台の車に分乗させることが決まった、というものだ。

どの話が果たして本当なのか、一運転手に過ぎない父には真相を知る術はない。

羽田空港での急な変更により、誰がどの車に乗るかについては、その場で協同企画エージェンシーの梅野さんが本人たちに直接指示を出してくれることになった。

父は、事前説明ではあくまで「ピンクのキャデラックは、ファンや報道関係者に対するカモフラージュで、実際にビートルズのメンバーは立川からキャデラック・リムジンに乗ってホテルに向かうので、ピンクのキャデラックにはスタッフしか乗らない」と聞いていた。

しかし、今となってはよりいっそう、自分の車に誰が乗ろうと関係なくとにかく自分の車に乗った人を安全に、確実にホテルまで連れて行くように運転することだけを考えていた。

一九六六年六月二十九日、午前三時三十九分。

ザ・ビートルズを乗せた飛行機が無事羽田空港に着陸し、タラップから四人のメンバーが顔を出した。

まず初めに顔を見せたのが、ポール・マッカートニーであった。

続いてジョン・レノン、そしてリンゴ・スターが続き、最後にジョージ・ハリスンがタラップへと降り立った。

彼らの服装を見て驚いたのは、父だけでなく、おそらく日本国民全員ではないだろうか。

なんと、彼らは全員日本の法被《はっぴ》を着てタラップを元気に降りてきたではないか。

父がその姿を認識したのとほぼ同時に、これまで見たこともないような数のフラッシュの嵐が彼らを襲う光景を目にした。

もちろんビートルズのメンバーにとってみれば、どこの国に行っても日常茶飯事の光景かもしれないが、初めて目の前でフラッシュの嵐を体験した父にとっては、このときの衝撃はかなり大きかったと後に語っている。

ビートルズのメンバー四人に加え、今回彼らと同行して来日した一行の中には、マネージャーのブライアン・エプスタインやロードマネージャーのニール・アスピノールやマル・エバンス、そのほかにも音楽関係のプロデューサーや衣装関係のスタッフ、カメラマン、さらには彼らの影武者として準備されたのかあるいは単なるボディガードなのか、はっきりとはわからないが彼らと風貌のよく似た若者も数名いたという。

ビートルズの四人のメンバーは、軽快にタラップを降りると、父たちが待つ車のほうへと歩いてきた。

父の横では先ほどの打ち合わせどおりに、協同企画エージェンシーの梅野さんが彼らに向かって、どの車に乗るかをその場で直接指示していた。

しかし、このとき予期せぬ出来事が発生した。

まず、先ほど飛行機から顔を見せた順と同じように、父のところへポール・マッカートニーがやってきた。

彼は梅野さんの指示に従って、ピンクのキャデラックに後部左側のドアから乗り込み、後部右側の座席へと座った。

次に来たのがジョン・レノンだった。

彼は、梅野さんに前方にある別の車へ乗るように指示された。

しかし、ピンクのキャデラックが気に入ったのか、あるいはポールと同じ車に乗りたかったのか、真相は分からないが、梅野さんの指示に対し
「ノー」

とはっきり意思を主張して、ポールに続いてピンクのキャデラックの後部座席に乗

り込んだのである。

ジョンに続いて歩いてきたのはリンゴ・スターであった。

彼も梅野さんに前方に停めてある車に乗るよう指示されたが、ジョンと同様に梅野さんの言葉を無視してピンクのキャデラックの後部座席左側に座ってしまった。

最後にやってきたのがジョージ・ハリスンである。

今度こそはと、梅野さんは必死になってジョージに前に停まっている車に乗るように訴えかけた。

実際、ピンクのキャデラックはリムジンとは違って、後部座席に四人座ることは不可能なのである。

だから今度こそは言うことを聞いてくれるだろうと思われた。

しかし……。

なんと、ジョージはピンクのキャデラックの前方左側運転席から乗り込むと、そのまま右側へ車内で移動をし、何事もなかったかのように助手席に座ってしまった。

これにはさすがに父も驚いたという。

自分の車には多くてもメンバーの一人か二人が乗るくらいだと思われたのが、なんとメンバー全員が乗ってしまったのだから当然かもしれない。

想定通りに行かないのが世の常だとはいえ、当初はスタッフしか乗らない予定だったはずのピンクのキャデラックに、次々と発生したハプニングによって、ビートルズのメンバー全員が乗り込むという予期せぬ展開になってしまった。

『万が一これで事故でも起こそうものなら、責任問題を追及されるどころの騒ぎでは収まりそうにないな。世界中のビートルズファンから厳しいお叱りを受けることになるだろう。確実に安全運転を心掛けなければ』

と、未明の眠気も一気に吹き飛んだと父は言っていた。

さらにビートルズのメンバーの後方から、彼らのマネージャーであるエプスタインが歩いてきた。

彼もまた梅野さんに前方の車に乗るよう指示されていた。

ピンクのキャデラックはすでにメンバーでいっぱいだったことから、彼は素直に指示に従い、前方に停めてある別の車に乗ってくれて難を逃れた。

羽田空港に彼らが到着し車に乗り込むまでのシーンは、その後あらゆる機会においてテレビ放映されることになった。

実際にその日であったか翌日であったかは記憶が定かではないが、私が母や弟と一緒に自宅のテレビでこの様子を目撃したときのことは、今でもはっきりと覚えている。

テレビ画面にまさか父の顔が映るとまでは予想していなかったので、三人ともびっくりしてテレビ画面に近づくと、そのまま釘付けになり

「あっ、お父さんだ！　お父さんが映ったよ！　あっ、キャデラックだ！　お父さんキャデラックで行ったんだね。あの人たちがビートルズっていうの？　すごい！　お父さんの車に乗ったよ！」

などと興奮しながら母と弟にしゃべっていた記憶がある。
さすがに母も
「そうねえ。あの人たちがビートルズっていうのね。それにしてもすごい騒ぎだわねえ。あれじゃあ、お父さんも運転するのが大変だわね」
と冷静且つのんきそうな口調の中にも、どこか自分の夫がテレビに映ったことで誇らしげな表情を浮かべながらテレビ画面を見つめていた母の横顔が、当時の私の記憶にはとても印象深く残っている。

父は、来日したメンバー全員が乗車し終えるのを待って、自分も運転席に乗り込むと、即座に車を発進させた。

助手席にはジョージ・ハリスン、後部座席には右からポール・マッカートニー、ジョン・レノン、リンゴ・スターが座っている。

彼らは車の両脇に群がってビートルズを必死に撮影しようと、ピンクのキャデラックに近づいてくる報道関係者やそれらを取り締まる警察関係者の様子を興味深そうに車窓から見つめたり、時々サービス精神を発揮して窓から外に向かって手を振ったりしていた。

車を発進させて間もなく、後部座席からポール・マッカートニーが突然父に話しかけてきた。

「ミスター、五日間、お世話になります。自己紹介をさせてもらってもいいですか?」

このポールの言葉に、父は大きな驚きを覚えたという。

なぜなら、普通は世界的な大スターともなると、俗に言う「スター気取り」を発揮してたかだか運転手などには目もくれず、自分たちだけで会話をし、運転手に話しかけることなど一切ないだろうと思っていた。

ところが彼らはいつでもそうしているのであろうか、まるでそれが当たり前だというように、自己紹介を始めたというのである。

「僕はポール・マッカートニーです。お会いできて嬉しいです」

と言うと、なんと言葉による自己紹介のみならず、運転中にも関わらず父に手を差し伸べて握手まで求めてきたというのだから、父はその礼儀正しさにびっくりしてしまい、一瞬手を出すのを躊躇してしまったそうだ。

続いて、ポールの横に座っていたジョン・レノンが

「ジョン・レノンです。僕は日本の文化に大変興味を持っていて日本に来るのをとても楽しみにしていました。よろしくお願いします」

とこれまた礼儀正しく陽気に自己紹介し、ポール同様運転中の父に握手を求めて手を差し伸べてきたという。

もちろんキャデラックは左ハンドルなので、父は少し体をひねり、右手を差し伸べてそれに応じた。

さらにジョンの隣に座っていたリンゴ・スターが自己紹介をし、最後に助手席に座っていたジョージ・ハリスンが自己紹介した。

父もそれに倣って自己紹介をしたが「イ・チ・ジ・マ」というのは、かなり発音しにくかったようで、メンバーは皆、何度も

「イ・チ・ジ～・マ、イ・チ・ジ～・マ」

と繰り返し言って覚えてくれようとしていたそうだ。

彼らのこの行為は、さすがに今まで芸能人にまったく興味を示さなかった父でさえも大変感心し、彼らの礼儀正しさに触れることで大きな驚きと同時に、ビートルズのメンバーに対して大いなる親近感を覚えたと語っていた。

さらに、日頃からイギリス人は礼儀正しいという認識を持ってはいたが、ビートルズのメンバーと触れ合うことによって、改めてその認識を強く持ったと振り返っている。

自己紹介を終えて、彼らがまず初めに聞いてきたことは台風のことであった。

「台風の影響で僕たちも大分到着が遅れてしまいましたが、日本では大きな被害はなかったのですか？」

と後部座席から誰かが聞いてきた。

父が被害はほとんどなかったと伝えると、次に
「日本では、僕たちのファンはどのような様子ですか？　大勢いるのですか？」

と聞いてきた。

芸能界の知識が皆無であった父も、ここ数日熱狂的なビートルズファンの若者たちが彼らの来日に合わせて、地方からも大勢上京している話や、あちらこちらにファンが集結している話などを連日新聞やテレビで目にしていたので
「もちろんきみたちのファンは日本にも大勢いて、みんなきみたちが来るのをとても楽しみに待っていたよ。きみたちの来日に合わせて、わざわざ田舎から東京に出てきている若者もたくさんいるようだよ」

と答えると、満足そうな歓声が車内に響いたという。

メンバーは、初めて目にする日本のハイウェイ（首都高速道路）や車窓から見えるまだ夜が明けぬ薄暗い東京の景色を夢中になって見ながら、やや興奮気味に会話をし

ていたが、そのうちメンバーの誰かに
「ミスターイ・チ・ジ～・マさん！　日本では今でも頭にまげを結っている人がいると聞いたのですが、本当ですか？」
と唐突に尋ねられた。
本気で尋ねたのか、それとも日本人の昔の独特なヘアースタイルに皮肉を込めて冗談半分に聞いてきたのか、父は一瞬判断に迷い答えに窮したが
『確かに日本をあまり知らない外国人にしてみれば、日本人は未だに刀を腰に差して、頭にまげを結っていると思うかもしれないなあ。でも、そう思う人は逆に日本のことをある程度は理解している人だ。日本のことをまったく知らない人だったら、昔の日本人のそういった生活様式さえも知らないはずだから……』
と考え、微笑みながら
「ウ～ン、さすがに今ではまげを結っている人は相撲レスラーとか女性の芸者さん、芸子さんくらいなものかねえ。普通のサラリーマンは、大体が皆私のような服装や髪

型をしているし、女性も普通のパーマヘアーとかが多いようだね」
と答えると
「そうですか、残念だなあ。写真に撮って帰りたかったのに……」
と言い、他のメンバーにからかわれたそうだ。
特にジョンは、日本に来るのを楽しみにしていたという自己紹介通り、日本通で日本の文化や生活様式などにとてもよく精通していたので、メンバーに色々と日本のことを教えていたようである。
そのうち右手に武道館の屋根が見えてきたので、父は
「右手を見てご覧なさい。あそこに見えてきたのが、明日からあなたたちが演奏をする『日本武道館』という場所だよ」
と教えてあげると、皆興味深そうに車窓に張り付いて
「へえ〜あそこが『日本武道館』ですか……。日本では有名なアーティストたちが、よくあそこで演奏をするのですか？」

と聞かれた。
「いや、あそこは実は、普段は柔道や空手などの武道を行う場所なんだ。だから音楽活動の場所としては、おそらく今まで使われたことがないと思うよ。たぶん、あなたたちがあそこで演奏する最初のアーティストだと思うよ」
と答えた。すると
「オ～、グレイト！　そんな場所で演奏できるのですか。それはラッキーですね」
とメンバーの一人が答えた。
しかし他のメンバーが
「でも、武道をやる場所で、はたして音響はどうなんでしょうか？　大丈夫なんでしょうかね？」
とやや心配そうに尋ねてきたので、父もやや回答に困りながらも
「ウ～ン、私も専門家ではないので、詳しいことはよくわからないけれども、今の日本の技術をもってすれば、おそらく大丈夫だと思うよ。大勢の観客が収容できて、し

かも万が一雨が降っても大丈夫なように屋根がついた会場としては、この『日本武道館』はとてもグレイトな場所だと思うよ」と伝えると、皆口々に喜びを表現していた。

とにかく四人とも、東京ヒルトンホテルに向かう車の中では、わずかな時間であったにも関わらず飛行機での長旅の疲れを感じさせないようなハイテンションぶりで話が弾み、とても盛り上がっていたという。

ホテル到着直前になって、父は出張前に三歳年下の弟から

「兄さん、是非ともザ・ビートルズのサインをもらってきておくれよ。僕はビートルズの大ファンなんだよ」

と切願されていたことを思い出し、ダメ元で彼らに依頼をしてみた。

「実は、私の弟があなたたちの大ファンで、是非サインがほしいと言っているのですが、ご迷惑でなければ、あなたたち四人のサインをいただけないですか」

と頼むと

「もちろん、オーケーですよ。簡単なことです」

と胸ポケットから四人の写真にすでにサインが書かれたブロマイドを取り出し、父にくれたという。

このように彼らの握手の求めに応じたり、話し相手をしたりしながらの運転だったため、父は先導の警察車両や前方を走る車から、かなり距離が離れてしまうことが度々あったようだ。その度に、先導しているパトカーがスピードを落として、キャデラックとの間隔があまり空かないように調整をしていたらしい。

父はそうとも知らず、のんきに会話を楽しみながらマイペースで運転をしていたため、ホテルに着いた途端、警察署の上層部の人に呼び出され、こっぴどく叱られたという。

しかし、父に言わせれば元々自分は運転手としての資格を有しているわけではなく、あくまでもお手伝いということで、ビートルズ来日に同行しているスタッフを乗せることになっていたはずである。

だからかもしれないが、事前に警察側から「先導車と距離を空けず走るように」などの指示は一切受けていなかった。

父としては、あくまでも通常の出迎えのときと同じ感覚で参加協力したつもりであった。

今回たまたま相次ぐハプニングから、ビートルズのメンバー全員が自分の車に乗ってしまい、そのことから、周囲が勝手にピリピリしただけでこちらから乗車してもらうよう、お願いをしたわけでもない。
それなのに思わぬ叱責を頂戴したことに、内心大いに戸惑いを感じ、反感すら覚えたという。
父は最初警察署員から
「もっと先導車にくっついて距離を空けずに走らなければだめじゃないか」
と叱責を受けた時に
「いやぁ、ビートルズのメンバーが次々と話しかけたり質問したりしてくるのでそれに答えるのが忙しくて、それどころじゃありませんでしたよ」
と答えたところ
「そんな会話と彼らの警備とどっちが重要だと思ってんだ」
と余計に怒らせてしまったため、これではどんな言い訳をしても通じないなと観念して、納得しないながらもひたすら頭を下げて叱られたそうだ。

東京ヒルトンホテルに無事到着した父は、通常であれば一階の正面玄関に車を停めてお客様を降ろしているが、この日は先導車両に続いて一気に地下の駐車場に車を乗り入れた。

もちろん、ホテル周辺に詰め掛けている多くのファンや報道陣対策として、事前に計画され指示されていた経路であった。

ビートルズのメンバー及びスタッフ一行は、地下駐車場からエレベーターに乗って父より一足先に上階へと上がっていった。

父は車を駐車位置にきちんと停め直した後、出入り口周辺の様子を見に行ってみると、その頃にはホテルの周りにはたくさんのファンや報道関係者が既に集まってきており、警備に当たる警察官の姿もたくさん見られたという。

『それにしても想像以上に彼らの人気はすごいものだな……』

と改めて自分がそれまでまったく認識していなかった、イギリスが生んだ人気ロックグループ『ザ・ビートルズ』の偉大さに驚愕すると同時に、自分に与えられた任務の重さを痛感していた。

彼らが滞在中、事故などが起きないよう精一杯努めなければいけないな、とこのとき改めて肝に銘じた父であった。

しかし、まさかその二日後には、その意に反するような大胆な行動を自らしてしまうことになろうとは、このときはまだ知る由もなかった……。


ビートルズのメンバーが滞在した部屋は十階にあり、なんとそのフロアー全室を借り切っていた。

厳密には、一部屋のみは長期滞在者がビートルズ来日前から継続して使用していたため、そのまま同じ階に滞在していたと父は記憶している。

父の部屋は十階の彼らと同じフロアーで、ビートルズが使用した「プレジデンシャル・スイート」と廊下を隔てた向かい側にあった。

十階のフロアー内に滞在している人については特段行動が制限されず、どこの部屋にでも自由に出入りができたため、父は時々向かい側の「プレジデンシャル・スイート」にも顔を出した。

あるとき、たまたま父が窓の外を覗いてみたところ、ヒルトンホテルの裏側に隣立する山王ホテルから若い外国人の女性ファンたちが、ビートルズのメンバーに向かって手を振っているのが見えた。

山王ホテルは当時、女性の進駐軍専用宿舎になっていたことから、常に若い外国人女性が大勢宿泊していたのを父は知っていた。

その女性たちの必死のアピールに応えるかのように、ビートルズのメンバーたちも笑顔で手を振り返している光景を目の当たりにした父はその様子に
『やはり、彼らも普通のどこにでもいる若者と何ら変わりはないんだなあ』

と実感し、彼らに対して更なる親近感を覚えたという。

これらの外国人ファンのみならず、日本人の若い女性ファンたちも、連日ホテル周辺を取り囲むように集まり、一目でもビートルズの姿を見ようと、常にホテルの上階

を見上げていた。

そんなある日、父が車の点検をした後、少し外の空気を吸おうと駐車場出入り口から外へ出たときのこと、ホテル近くにいた女の子三人組の一人が父の顔を見た途端
「あっ、あの人確かピンクのキャデラックを運転してた人じゃない？」

と一緒にいた友達二人に話している声が聞こえてきた。

父は素知らぬ顔をしてホテルに戻ろうとしたが、あっという間に三人に取り囲まれてしまった。

「あの〜、確か、ピンクのキャデラックを運転していた人ですよねえ」

と遠慮無く聞いてくる。

別段、嘘をつく必要性も感じられなかったので
「ええ、まあ。そうですが、何か？」

と尋ねると
「ポールは今、何をしているんですか？」

「ジョンは何階にいるんですか？」
「ビートルズの部屋番号を教えてください」
などなど、次から次へとマシンガンのように質問を浴びせかけてきた。
父は毅然として
「彼らのプライベートに関することには、一切答えられませんよ」
と言うと、なんと
「それだったら、お願いですから彼らがシャワーを浴びた後、排水口に詰まっている彼らの毛を拾ってきてくれませんか？」
とびっくりするような注文をしてきた。
父が唖然としてその少女らを見つめていると
「それが無理だったらタバコの吸い殻でも、使った箸でも構いませんからこっそり持ってきてはもらえませんか、お願いします。もちろんお礼はさせていただきますから」

と、とんでもないことを要求してくる始末。
さすがに、父も開いた口がふさがらず
「そんな要求には一切応えられません！　いつまでここにいても、彼らは出てこないからさっさと家に帰りなさい！　親御さんは心配しているよ！」
と説教までしてホテルに引き返したという。

ビートルズの滞在した「プレジデンシャル・スイート」には、加山雄三をはじめとする日本の歌手や芸能人、各界の著名人、音楽評論家の湯川れい子さんや、さらには彼らを退屈させまいと主催者側が呼んだ芸子さん、テーラーなどの様々な業者・報道関係者などが次から次へと訪れた。
元々芸能界にあまり興味が無かった父は、それらを野次馬根性で見に行くことはほとんどなく、多くの時間を自室で過ごしたり協同企画が準備した日本人スタッフ仲間が談話するための部屋で、他のスタッフたちと共に過ごしたりしていたという。

しかし、一度だけ彼らが演奏の練習をしていたとき、ちょこっと顔を出してその様子を見たことがあったという。

そのとき、父の顔を見た途端にポールが

「イチジマさん、どうぞ中に入ってください」

と歓迎した。

父は

「いや、練習の邪魔になるといけないから失敬するよ」

と遠慮しようとしたが

「いいから僕たちの演奏を聴いて感想を聞かせてくださいよ」

と父のところへ歩み寄ってきて腕を掴んで中に招き入れた。

困った父は正直に

「ごめん、実は私はジャズは大好きでよく聴くのだけれど、ロックはまったく興味がなく、正直言うときみたちの曲は今まで一度も聴いたことがないんだ。本当に申し訳ない」

　と頭を下げると、四人は笑いながら
「そうなんですか。ノープログレム、ジャズはどんな曲を聴くのですか」

　と尋ねてきた。

「主にグレン・ミラーの曲が多いけれど、色々聴くよ」

　と答えるとポールがギターのベース音でグレン・ミラーの有名な曲の出だしを演奏し、それに合わせてリンゴがドラムを叩き、父は思わず
「エクセレント！　グレイト！」

　と叫び、ひとときが盛り上がったことがあったと懐かしそうに語った。

　ロックミュージックにはまったく興味が無いながらも、父はビートルズに対してミュージシャンとして大いに尊敬するところがあったという。

　それは
『これだけ世界的に有名になり騒がれているグループなのに、とても練習熱心なんだ

なあ。暇さえあればいつでも練習しているとは、中々立派な青年たちだ』
という、音楽に対する前向きな姿勢だった。
一日一日父は、彼らに感心する思いを強く抱いていた。

三　ジョン・レノンを東京ヒルトンホテルから脱出させた男の経歴

一九二八年、東京都千代田区神田神保町で、私の父である入内島登は生まれた。後に剣道場となった専修大学の相撲場の、裏手の二階建ての長屋で、五男一女の五番目として産声を上げた。

その生まれ育った長屋は、なんと「昭和をしのばせる建造物」の数ある建物のひとつとして、小金井市にある「江戸東京たてもの園」というところに現在復元されて展示されている。

入内島という苗字は東京では大変珍しいが、群馬県や神奈川県には比較的多く見られる苗字のようである。

しかし、その読み方は様々で「いちじま」と読むのはむしろ珍しく、「いりうちじま」という読み方の方が圧倒的に多いようだ。

父方のルーツはどうやら群馬県のようで、数十年前に自分のルーツを辿るのが流行った時期に、一度だけ家族で群馬県を訪れたことがあった。

記憶が正しければ、群馬県西群馬郡長尾村大字白井村というところであったと思う。

名前は忘れてしまったがそこにあったあるお寺を訪ねたとき、そこに建立されているお墓の墓石の、なんと八割から九割が「入内島」と彫られてありびっくりしたことがあった。

都道府県が違うだけで、東京では滅多に見られない苗字がこんなにもたくさんあるものなのかと見入ってしまった。

しかしながら、父は東京で生まれ育ったため、群馬県に関することはほとんどわからないそうだ。

父、登にとって唯一の弟である六番目の子供が出生して間もなく、父親が病気で亡くなったため、母親は六人の子供を女手一つで育ててきた。

戦争を挟んで、東京で六人の子供を女手一つで育て上げるのは、並大抵の苦労ではなかったであろうことは想像に難くない。

一家が育った長屋は二階建てではあったが、一階が六畳一間と台所があるだけで、二階は四畳半二間の計三部屋だった。

一家七人が暮らすには、決して十分な広さとは言えない。

また、母親一人の収入で、六人の子供を養うのは並大抵の苦労ではなく、特にその食生活ぶりといったら想像を絶するものがあったようだ。

たとえば、一つの納豆を分け合って食べる朝食においては、醤油ダレが付いた器にご飯をこすりつけながら食べたいため、誰が最後の器を奪うか、日々激しい争奪戦が繰り広げられていた。

また、滅多にお目にかかれぬ鶏卵などが手に入ろうものなら、一つの鶏卵を少しずつ分け合って「卵掛けご飯」にして食べたそうだが、これもまた最後の器の争奪戦に加え、卵黄と違って白身がご飯にかかる瞬間には、量の加減ができずに大量に茶碗の中に流れ込むことから、兄弟の厳しいチェックの目が注がれる中、みな戦々恐々としながら分け合って食べていたという。

また、こんなこともあった。

父がまだ一歳か二歳くらいの頃、母親の背中に負ぶられて買い物をしていたときのこと。

偶々《たまたま》近所の八百屋さんが鶏卵を一つ、父の手に握らせてくれたことがあった。

父はうれしくて、うれしくて、いただいた鶏卵をしっかりと握り締め、兄弟に見せるのを楽しみにして母の背で揺られながら帰ったそうだ。

家にたどり着いた母が、「よいしょ」と背中の父を揺すり上げた瞬間に、無情にも父の手から卵が飛び跳ね、そのまま玄関に落下して割れてしまったそうだ。

そのときの悔しさは生涯忘れることができないと、米寿を過ぎた父は未だに語っている。

そんなに幼い頃の記憶にも関わらず覚えているのだから、その食生活振りはよほどのことだったのだろう。

顔もわからぬうちに父親と死に別れた父は、働く母に代わって幼い頃から炊事など家庭の仕事も当然のようにこなさなければならなかった。

当時最も安価で手に入る「もやし」は、入内島家にとっては欠かせぬ食材ナンバーワンであったという。

もやしにわずかな豚肉を混ぜた「肉入り野菜?炒め」や「もやしの味噌汁」は、ほぼ毎日食卓に上ったそうだ。

そのような食糧事情にも関わらず、父は当時の日本人男性としては珍しく、身長一八一センチメートルにまで成長したのだから驚くばかりだ。

そのような貧困の家庭で育った父にとって、唯一の楽しみは、神田神保町という地の利を生かした本の読み漁りだった。

現在でも神田には古書店がたくさん残されているが、当時も神田神保町といえば「古本屋街」と言われるほどたくさんの古本屋さんが軒を連ねていた。

父は幼い頃から本が大好きで、それらの店を軒並み立ち読みして回った。

店主に邪魔扱いされると次の店へと移動しては同じ本を探し、続きを読んだという。

お正月のお年玉などが入ると、年に何回かは特別に自分が最も気に入っている本を買うことがあり、それが最大の楽しみであったそうだ。

父は六人兄弟の中でも無類の本好きで、往時の父を知る親類縁者は口を揃えて

「のぼちゃんはいつ来ても本を読んでいるなあ」

と半ば感心、半ば呆れたように言っていたという。

ちなみにのぼちゃん、とは父の幼い頃の愛称で、名前の登から取ったものである。


そんな父なので、向学心も兄弟の中では人一倍強かった。

しかし、家庭の経済事情が上級学校への進学など許すはずもない。

そこで父は、当時の社会情勢を考え、終戦を迎えた今の日本においてこれから必要な力は「英語力」だと判断し、とりあえず朝早くから新聞配達や牛乳配達をしては日銭を貯め、そのお金で英語の専門学校に通い始めた。

英語力を身につけることで、これから自分が社会に必要とされる日が必ず来ると信じ、歯を食いしばって頑張りとおした。

英語力をつけて高収入を得た暁には、自分たち子供を育てるために苦労を重ねてきた母親に少しでも楽をさせてあげたい、という思いで必死に英語力取得に尽力したという。

これが、後にオーレル社長との出会いや、さらにはビートルズとの縁を結ぶことになったと思うと、実に感慨深い。

願いが叶い、どうにか英語力を身につけた父は、GHQの車両部隊に無事就職することができ、そこで事故係りを任されたという。

さまざまな事故発生時の事後処理をしたようだが、現在とは違ってまだ道路の舗装もままならない時代だけに、雨が降った日にはスリップ事故などの交通事故が多発し、大変忙しい思いをしたと振り返る。

しかし、その分給料は驚くほどよかったようで、当時のサラリーマンが月給三千円くらいもらっていたところを、父はその三倍の一万円くらいもらっていたという。

その後、外資系貿易商が日本に次々と進出してくるようになると、父はそちらに転職をし、さらには外資系保険会社に転職する中で、元アメリカの情報部将校であったポール・W・オーレルが社長を務める「オーレル・インシュランス・カンパニー」に引き抜かれ、オーレル社長との運命的な出会いを果たすことになった。

父は、オーレル・インシュランス・カンパニーに就職した途端、オーレル社長に大変気に入られ、社長秘書としての業務を依頼された。

それ以来、毎日公的な仕事はもちろんのこと、私的なパーティーやお酒の席に参加する際も必ず同行を求められた。

父はほとんど毎晩、深夜までオーレル社長につき合わされ、午前様の日が続いたようである。

事実、私が小さい頃は毎晩父の帰宅を心待ちにしながらも、私や弟が起きている時間帯に父が帰宅してくることはほとんどなかった。

最終的に酔いつぶれたオーレル社長を自宅までつれて帰り、ベッドの上に横たわらせるまでの役割を強いられていたという。

このような酒席の場で、オーレル社長は多くの各界の有名人や著名人と知り合い、その交際範囲を広げていったようだ。

四　ジョン・レノンからの依頼

ジョン・レノンからの「骨董品店、土産物店へ自分を連れ出してほしい」という突然且つ想定外の依頼は、この厳重な警備の中で遂行するにはあまりにもハードルが高く、『何があってもビートルズの滞在中は、彼らを保護し無事に最終日羽田空港まで送り届ける』と誓った父の思いと正反対のことであった。

とうてい無理に決まっていると思いつつもジョンが必死に頼んできたあの表情を思い浮かべると、何かいいアイデアはないものかと父は一人ベッドに腰掛けながら、必死に頭の中で思いをめぐらせ試行錯誤を繰り返した。

そして、ジョン・レノンの願いである、ホテルから外に連れ出し、ショッピングをさせてあげるためには大きく三つの課題があることが見えてきた。

まず一つ目は「最も警備が厳重なこのフロアーから、どのようにしてジョンを脱出させるか」というフロアー脱出方法。

二つ目は「ホテル周辺に待ち構えている大勢のファンや報道陣、あるいは警察官の包囲網をどのように突破するか」のホテル脱出方法。

そして三つ目は「骨董品店や象牙店に入った途端に報道陣に取り囲まれることも考えられるので、どうしたらジョンにゆっくりとショッピングを楽しませてあげられるか」のショッピング方法の三点であった。

当時、父が勤務していた「オーレル・インシュランス・カンパニー」は港区飯倉にあったことから、父は赤坂や六本木周辺の地理はほとんど頭に入っていた。

それに加えて、父の仕事柄、これまでも多くの外国人取引先相手や、オーレル社長の友人・知人、さらにはオーレル社長の兄の友人・知人など多くの外国人バイヤーや旅行者が来る度に駆り出され、日本の伝統工芸や古美術品、骨董品などを扱っている店を案内して回っていたので、そういった類の店は、それこそ目を瞑ってでも案内できるほど詳しく掌握していた。

したがって、ホテルから外へ出られさえすれば、ジョンが気に入ってくれそうな店を次から次へと案内できる段取りは、容易に組み立てられる。

そのように考えをめぐらせている内に、最初は絶対に無理だ、無謀だと決め付け、ジョンに断った父も、何となくできそうなイメージが頭の中で膨らみ始めた。するとできそう」から「できる」、「やるんだ」に変わり、ついには「これはもうやるしかない」という気持ちに大きく変化していった。

かくして、父はジョンの願いをどうにか叶えてあげたいと、ついに「ジョン・レノン東京ヒルトンホテル脱出大作戦」決行の決意を固めるに至ったのである。

まず、最も難関であると思える一つ目の課題「フロアー脱出方法」を克服する作戦として、父は彼らと同行してきた一行の中に、ボディガードなのか影武者なのか、はたまた単なるスタッフか定かではないが、ビートルズメンバーと雰囲気のよく似た若者が数名いたことを思い出した。

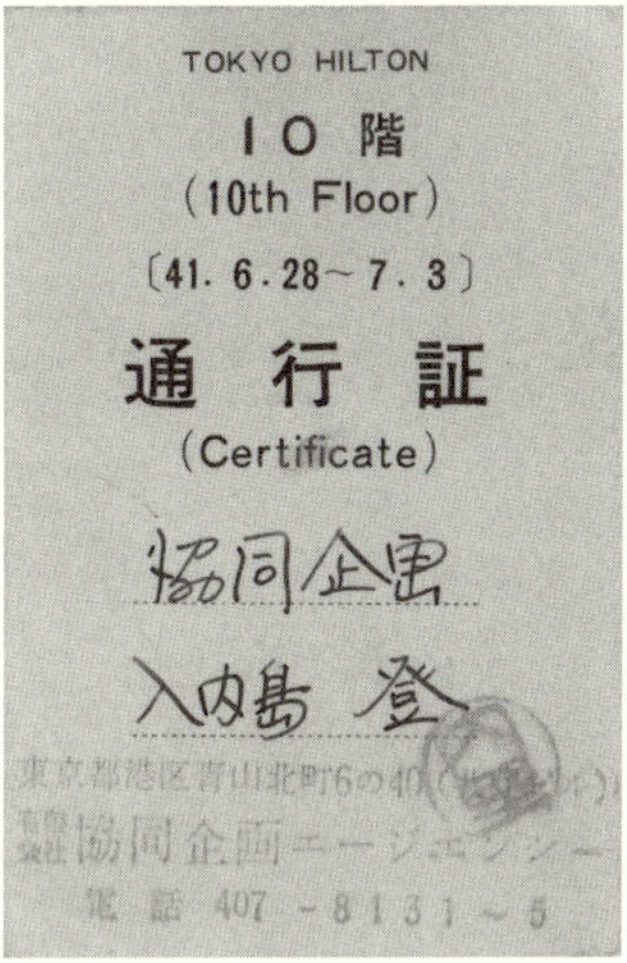
TOKYO HILTON
10階
(10th Floor)
〔41. 6.28〜7. 3〕
通行証
(Certificate)
協同企画
入内島 登
東京都港区青山北町6の40
株式会社協同企画エージェンシー
電話 407－8131～5

父は、数日前まで自分自身もビートルズのメンバーの顔さえ知らなかった事実から、彼らをうまく利用して、ジョンもスタッフの一員と思わせて脱出させることはできないだろうか、と考えた。

十階のフロアーにはあちこちに警察官や警備員が配置されていたが、その中でも特に一般客用のエレベーター前には、外部からの関係者以外の立ち入りを防ぐために、警察官の控え室がそこに設置されていて、ある種の「関所」のようになっていた。

そこは、他のどこよりも警備が厳しく、常時三〜四名の警察官が警備に当たっている。

また、そこにある控え室のような部屋からは、初日父に厳しい叱責をくださった警察官の上官も常に廊下を見渡していて、父はその部屋の前を通る度に彼の視線が身に突き刺さるような思いをしていた。

だから、ジョンの脱出にあたっては、彼らと共にその部屋の前を通ることだけは絶対に避けようと考えた。

そこで父は、協同企画エージェンシーが準備した日本人スタッフ仲間が談話するための部屋でジョンと待ち合わせる計画を立てた。

その部屋は警察官が立つ位置や、見ている方向と正反対に位置するため死角となり、気づかれにくいことと、従業員が使う業務用エレベーターがすぐ近い位置にあることから好都合と思われた。

もちろん、業務用エレベーターの前にも警備員は立っていたが、おそらく一般客用エレベーターの前と違い、こちらは警察官ではなく、民間の警備員ではないかと父は予測していた。

それならば、いくらかでもチャンスは広がるのではないか？

何よりも父に説教をした、あの警察官上官の目が届かないことが、最も父を勇気づけた。

さらに、万が一警備員に声を掛けられたとしても、民間の警備員であれば、自分自身と同じようにビートルズのメンバー一人ひとりの顔までも克明に覚えてはいないのではないだろうかと考えた。

そうであれば、スタッフだと偽り、堂々と、且つ瞬時に通れば、まさか本物のジョン・レノンがその中に混じっていたとは思わず、うっかり見落としてくれる可能性が高いのではないかと思ったのだ。

この「警察官の死角を利用した裏道作戦」と、相手の心理をうまく衝いた「ダミー成りすまし作戦」によってジョンを脱出させることを第一関門の打開策としてジョンに提案し、協力を得ることにした。

次は、二つ目の課題である。

ピンクのキャデラックは、既に報道関係者のみならず、国内のビートルズファンの誰もが知るところとなっていたため、通常以上に厳しいマークが予想された。

だからといって外では

「この人はスタッフですよ。本物じゃありませんよ」

と吹聴して回るわけにもいかない。

いくら頭をひねっても、こればかりは名案が浮かばなかった父は、とりあえず駐車場を出る直前に、自分ひとりで出口周辺にフラフラと姿を見せておいて、あたかも自分ひとりきりで外出するようにアピールしてみようと考えた。

その上で、ジョンたちにはシートに伏せておいてもらって、運転手以外誰も乗っていないように装う方法しかないか……、と「思わせぶり雲隠れ作戦」でいくといった結論を出さざるを得なかった。

三つ目の課題は、ある意味時間との勝負でもあるので、入店後短時間で興味のある品物だけを選んでお店側に伝え、後からホテルに持ってきてもらい、ホテルでじっくり品定めした後、買うか買わないかを決めるようにするか、あるいはお店に協力してもらい、思い切って入店と同時に店を閉めるか、せめてカーテンを引くなど、ファンや報道陣に見られないようにお願いする「貸しきり作戦」しかないと考えた。

「いずれにしても、一か八かあたって砕けろだな」

かくして父は、自分が後々あの警察官上官から再び大目玉を喰らうであろうことを覚悟した上で、どうにかしてジョンの願いを叶えてあげたいと、「ジョン・レノン東京ヒルトンホテル脱出大作戦」を実行することを決断した。

五　ジョン・レノン　東京ヒルトンホテル脱出大作戦

六月三十日の昼食後、父はビートルズのマネージャーのエプスタインに
「先ほどジョンが日本の文化について聞きたい事があると言っていたので、彼を私の部屋に呼んでくれないか」
と適当な用件をこさえてジョンを呼び出した。
ジョンは突然父に呼び出されたことで、先ほど自分が依頼した件の返事だと確信しているのか、満面の笑みで現れた。
なぜなら、自分が依頼したときに断られたにも関わらず再度呼び出されたということは
「今すぐにとは言いませんので、もしも、何かいい考えが浮かんだら僕に声をかけてください」
と最後に伝えておいた言葉に対して、おそらく何か名案が浮かんだから呼び出されたに違いないと信じて疑わなかったからであろう。

「ハイ、ミスターイチジ～マ。何かよいアイデアが浮かんだのですか？」

と朝別れたときとは、打って変わって上機嫌で尋ねてきた。

父はやや引きつっていたであろう笑顔で
「ああ、私なりに色々と考えてはみたのだけど、やるからにはきみにもいくつか協力をしてもらわなければならないことがあるんだ。少し具体的な打ち合わせをしたいのだけれど、今時間はあるかい？」

と尋ね返すと
「シュア～！　大丈夫です」

と答えた。

早速父とジョンによる秘密会議が始まった。

「まず、ホテルを脱出するのは、明日、七月一日の午前中、できるだけ早い時間帯にきみたちの準備が出来次第決行したいと思うけど大丈夫かい？」

と聞くと

「もちろん！　大丈夫です！」

と元気な返事が返ってきた。

「ただし、明日きみたちは、昼間の部のコンサートもあるのだから、長時間外出するわけにはいかないよ。短い時間になるけど構わないかい？」

と確認すると
「もちろん。僕もコンサートをすっぽかす気はないですからね」

と笑顔で応じた。

「次にフロアーのあちらこちらに配置されている警備員の目を欺くために、さらには外出中のきみの安全を確保するために、スタッフの誰かを一、二名同行させてほしいんだ。もちろん他のスタッフには内緒で了承してくれる人でないと駄目なので、それはきみ自身が人選をして、その人に直接頼んでほしいんだ」

と依頼をすると
「はい、わかりました。おそらく大丈夫だと思いますよ。ホテルにずっといるよりは外に出たい気持ちは誰でも同じだろうから、僕が頼めばきっと了解してくれると思います。オッケー、それは任せてください！」

と快く承諾してくれた。

希望通りに外出するためなら、この程度のことは彼にとって苦でも何でもないことなのだろう。

次に父は、フロアー脱出の手順を伝えた。

「正面にある一般客用のエレベーター前には、日本の警察官の厳しい監視の目が光っているから、あそこは十分に注意して、脱出直前にはあそこを通らないようにしてほしいんだ。一般客用エレベーター前の廊下を真っ直ぐ進んだところの右手に『日本人スタッフが集まる部屋』があるのをきみは知っているかい？」

とジョンに確認すると

「ええ、僕も何度か顔を覗かせたことがあるからわかります」

と言うので

「あの部屋は、ちょうど一般客用エレベーターを監視する警察官の人たちと反対側に位置することから死角になるので、あの『日本人スタッフが集まる部屋』を集合場所にしよう。明日の朝食後に私はいつでも出かけられる支度をして先に行っているから、きみは準備ができ次第、同行するスタッフと一緒にその部屋を訪ねて来てほしいんだ」

と言うと

「なるほど、わかりました。朝食後に、同行するスタッフと一緒に『ジャパニーズスタッフの部屋』へ行けばいいのですね。了解です」

と上機嫌で復唱した。

「ただし、他の人たちに怪しまれないように、グループで行動するときはそちらを優先して仲間と同じ行動をし、フリーな時間ができたときに密かに訪ねて来てほしいんだ。私は午前中いっぱいその部屋で待っているから、決して焦らずにチャンスが来るまで待って慎重に行動してほしい」

と言うと、ジョンは大きくうなずいた。

「部屋に着いたら、きみではなく、スタッフの人に声をかけさせてほしいんだ。その際は余計なことは言わせないで、『ミスターイチジマ』と声をかけるだけにしてほしいんだ」

　話が進むにつれて、ジョンはまるで小さな子供がイタズラを企てているかのように瞳をキラキラと輝かせて、満面の笑みを浮かべた。

「きみたちが到着し次第、声がかかったらすぐに部屋から出て行くから、そうしたら脱出作戦の始まりだ。あそこの部屋なら業務用エレベーターからも近いので、業務用エレベーターを使って地下駐車場まで行き、脱出するからね。私とスタッフが前で会話をしながら行くので、きみはその後ろに隠れて、できるだけ顔を伏せ気味にして廊下では一言も話をしてはいけないよ。きみの声で気がつく人もいるかもしれないからね」

「オッケー、わかりました！」

話が具体的になると、ジョンは身を乗り出しますます瞳を輝かせた。

「もちろん、業務用エレベーターの前にも警備員はいるけど、たぶん彼らは警察の人間ではなく、民間の警備員だと思うのできみが目立たないようにスタッフや私の後ろに隠れて黙ってついてくれれば、スタッフの一員だと思って見逃す可能性は高いと思うんだ」

と話すと、ジョンの目が爛々と輝き
「わかった！　じゃあ僕は、カメラマンのロバート・ウィテカーに成りすましますよ」

と茶目っ気たっぷりに答えた。

「次に、車に乗り込んだらホテルを出るときには後部座席のシートに潜り込んで、しばらくの間体を折り曲げて隠れていてほしいんだ。苦しいけど大丈夫かい？」

と尋ねると
「ノープロブレム！　簡単なことさ！」

と元気に答えた。

「ホテルの周りには大勢のファンや報道陣がきっといると思うので、もし姿を見られると追い掛け回されて厄介なことになるからね。そうしたら、のんびりショッピングをするどころじゃなくなってしまうからね」

ジョンはゆっくりとショッピングをすることを、何よりも熱望しているため大きくうなずき、父の提案に賛同した。

「わかりました。すべてイチジマさんの言った通りにやります。任せてください！僕たちは、きっとうまくやれると思いますよ！」

と興奮気味に答え、握手のため手を差し伸べてきた。

がっちりと固い握手を交わし、ジョンは自室へと引き上げていった。

ジョンが部屋に戻った後、父は明日回る予定の店の順番を頭の中でイメージしてみた。

これまでも外国人の取引相手や社長の友人が来日した際に案内して喜ばれたような店が、幸いにもこのホテルの周辺にはいくつも存在した。
短い限られた時間の中でそれらの店をどのような順番で効率よく回るかイメージした後
『よし、あとは一か八か、当たって砕けろだ！』
と改めて意を決した。

その夜、父は一人ベッドの中で眠れずに悶々とした時を過ごした。

なんといっても、イギリスが生んだ大スター、ザ・ビートルズのメンバーであるジョン・レノンを自分の勝手な判断でホテルから脱出させようとしているのだ。

ジョンの人懐っこい人柄に押されて承諾はしたものの、果たしてそんな大それたことを本当にやっていいのだろうか……。

考えれば考えるほど目が冴えて眠れなかった。

万が一にもこの脱出によって、ジョンに怪我でも負わせるようなことになってしまったら……。

このことの責任を追及されて会社が非難されるようなことにでもなってしまったら……。

自分のみならず、オーレル社長にまで迷惑がかかってしまったら……などなど、考えれば考えるほど、次から次へと不安要素が浮かんでくる。

悶々とした気持ちの中で、眠れぬままに時間だけが刻々と過ぎていったが、一度漕ぎ出してしまった船が、後戻りすることはなかった。

一九六六年七月一日、ついにその日はやってきた。

朝食後、父は身支度を整えると、協同企画エージェンシーの日本人スタッフが大勢詰めている談話室へと急いだ。

部屋の中でしばらく他の日本人スタッフと過ごした。

時間があるときは、その部屋でマージャンをすることもあるが、今日はいつジョンが来るかわからないので、マージャンの誘いは断り、雑談したり他の人のマージャンを後方から覗いたりしながら時間を潰した。

しばらく時間が経過した後、ようやくコンコンとドアをノックする音が聞こえ、見覚えのあるイギリス人スタッフが現れた。

彼はニールと呼ばれていたスタッフだったと思うが、父はあまり自信がないそうだ。

彼は談話室に顔を覗かせると

「ミスター、イチジマ！」

と部屋の中に声をかけてきた。

父が廊下に出ると、そのスタッフの後方に隠れるようにしてジョンが立っていた。

もちろん、約束通り父の顔を見ても無言を貫き、ひと言も言葉を発しなかった。

「オーケー、レッツゴー」

と父が二人に声をかけ、先頭に立ってスタッフと会話をしながら歩き、その後ろにジョンが身を隠すようにしてついてきた。

父はできる限り自然を装い、時々後方を振り返り、廊下全体を確認しながら、スタッフとは何気ない会話を交わしつつ業務用エレベーターの前まで歩みを進めた。

当初の計画通り、父はジョンにはひと言も話しかけないし、同行したスタッフも、事前にジョンから今回の作戦をよく聞いていたのか、彼に話しかけるようなことは一切しなかった。

業務用エレベーターの前まで来ると、予想通り警備員が三人ほど立っていたので、父はごく自然に

「ご苦労様です。スタッフの人たちとちょっと出かけてきます」

と声をかけ、エレベーターを十階まで呼ぶため、ボタンを押した。

幸いにも「スタッフの人たち」という言葉に、まさか本物のビートルズメンバーが混ざっているとは思いもかけなかったようで、警備員の人たちは特段疑う様子も見せ

ず、何も声をかけてはこなかった。

父はできるだけ自分の体とスタッフの体でジョンを覆い隠すように立ち、警備員からはジョンの姿が見えないようにしてエレベーターの到着を待った。

しかし、そういうときに限ってボタンを押してからエレベーターが十階に来るまでの時間が、異常に永く感じられた父は、まるで隠れん坊で鬼が来ないか怯える少年のような心境で、自分の鼓動がドキドキと早鐘を打っているのが感じられたと当時のことを振り返っていた。

ようやく十階に到着したエレベーターにまずスタッフとジョンを乗せた後、自分も素早く乗り込み、扉が閉まった瞬間に、父は堪らず「フ〜ッ！」と大きなため息を一つ漏らすと、それを見たジョンは笑いながら
「グッジョブ！　イチジマさん！　ダイジョウブ、ダイジョウブ！」

と親指を立てて見せてきたという。

どうやら脱出させる側の父よりも、脱出する当の本人ジョンのほうがよほど落ち着

いていたようだ。

こうして、どうにか無事に第一関門「フロアーの脱出」を突破することができた。

地下駐車場に着くと、周囲を見渡し誰もいないことを確認した後、すばやく車まで歩き、後部座席のドアを開けてジョンとスタッフを乗り込ませた。

その後父は一人で何度か正面のエントランスや駐車場出口付近を歩いたりして、あたかも自分一人がこれから出かけるといった雰囲気を装った後、車に戻りジョンとスタッフに座席の下に身を伏せるようにして体を前方に折り曲げるよう指示を出した後、自分は運転席に乗り込みエンジンキーを捻った。

大排気量のエンジン音が鳴り響くと、父の鼓動は再び早鐘を打ち始めた。

しかし、今さら後戻りはできない。

最大の難関は突破したものの、ばれた場合に最悪の結果を生むのはむしろ、この第二関門「ホテルからの脱出」である。

父は勇気を奮い起こして、第二関門に向かって車を発進させた。

駐車場を出た途端、気づいたファンか報道陣の誰かが
「おっ、キャデラックが出てきたぞ」

と叫ぶ声が父の耳に聞こえてきた。

父は、後部座席に誰も乗っていないのがわかればすぐに諦めるだろうと考え、敢えてスピードを出すことはせず、通常の速度で走り続けた。

それでも、キャデラックの車高がかなり低いことから、すぐ近くで覗き込まれたらあっという間にばれてしまう。

ある種の賭けであるだけに、父はかなり緊張しながら、それでも不自然に速くなりすぎないように車を走らせた。

骨董品を扱う店に向かう乃木坂への道を走りながら、バックミラーを覗くと後を追いかけてくる報道関係者らしき車は見られなかった。

『やった！　作戦成功！』

と内心ほくそ笑んで
「オッケー、ジョン。もう起き上がっても大丈夫だよ」
と伝えると
「フ〜ッ、疲れた。オ〜、やった、本当に外に出られたんですね。グレイト！」
と外出することができたことがよほど嬉しかったのか、何度も何度も大きな歓声を上げて喜んでいた。

無事第二関門「ホテルの脱出」も突破した父は、まずはホテルから一番近くの乃木坂にある骨董品店に彼らを連れて行った。

店に到着すると、ジョンとスタッフのみを店内に入れ、父はいざというときに備え、すぐに車が出せるように車の中で待機した。

一軒目のお店ではあまり在庫がなく、欲しいような品物がこれといってなかったとのことで、二人はすぐにお店から出てきた。

車に戻るとジョンは

「イチジマさん、残念ながらこの店には僕が見たいような骨董品がありませんでした。もう少し品数が多く揃っているお店に連れていってもらえませんか」

と依頼してきたので

「うん、わかった。ホテルから一番近い店なのでここも立ち寄ったんだよ。次に行くのはきみが欲しがっていた象牙のチェスがあるかもしれない象牙専門店だから、期待できるかもしれないよ」

と言うと、ジョンは運転席の方に身を乗り出して

「ワォ〜！　それは楽しみだ。サンキュー」

と上機嫌になり、スタッフに何やら象牙のどんなところが魅力的なのかを一生懸命語っていた。

二軒目のお店として、ジョンを案内したのは青山にある象牙専門店「北川象牙店」

であった。

ここでは、ジョンが買いたがっていた象牙のチェスは残念ながらなかったものの、気に入った品がいくつか見つかり、少しゆっくり見たいと言ったのだが、あまりに目立ちすぎるピンクのキャデラックを目にしたファンたちが少しずつ集まり始めたため、店主に後からいくつか品物を持ってホテルに来てくれるように依頼し、次のお店へと移動した。

車に戻ったジョンに

「どうだった？　きみが気に入った品はあったかい？」

と尋ねると

「ええ、残念ながらチェスはなかったですが、いくつか気に入ったものが見つかりました。後でホテルに来るように手配してくださりありがとうございます」

と満面の笑みで答えた。

三軒目に彼らを連れて行ったのは、外国人旅行者などに人気のあるお土産品を扱っている「オリエンタル・バザー」という原宿にあるお店だった。

ここでも本人たちだけをお店の中に入れて、父は車で待機したが、不思議なものでどこから噂を聞きつけたのか、瞬く間に次から次へと人が大勢集まってきた。

そのため、仕方が無くジョンたちに声をかけて、次のお店へと移動することになった。


四軒目は麻布材木町にあった古美術品を扱う骨董店「朝日美術」で、父としてはこれまでも利用したことが度々あり、自分が掌握している何軒かのお店の一つとして案内した。

ところが後からわかったことだが、実はこの店はたまたま一軒目に連れて行ったお店の本店だったようである。

一軒目のお店でジョンは

「在庫をあまり置いていないので、本店に行ってほしい」

とこのお店を紹介されていたようであったが、一軒目では父は店内に入らずに車で待機していたため、そのことを知らなかった。

たまたま四軒目に連れて行ったお店が、奇しくもジョンが一軒目の店主に薦められていた本店であり、それが父の案内と重なっていたということは、単なる偶然というよりは、何か運命的なものを感じざるを得ない。

このお店では父も最初一緒に入り、お店の人にジョンを紹介した後、お店を閉めてもらい、貸し切り状態にしてから自分は車に戻り、待機した。

しかし、ここでもピンクのキャデラックを見つけたファンがあっという間に押し寄せてきた。

「あれって、もしかして、ビートルズが乗っていた車じゃない？」

「そうだよ、間違いない。ビートルズが来ているのか？」

ファンや好奇心旺盛な通りがかりの人たちが次々と集まり始め、あっという間に人だかりができてしまった。

父は必死になって
「ビートルズは来ていませんよ。スタッフの人を連れてきただけです」

と大きな声で叫んだが「焼け石に水」。

誰一人聞く耳を持たず、キャデラックの中を覗き込んだり、お店の中を覗こうとしたりで、てんやわんやの大騒ぎとなってしまった。

『これはまずいことになったぞ……。帰りに車の周りを囲まれてしまったらホテルまでどうやって連れて帰ればいいんだ……午後からはコンサートもあるというのに……』

と父はやや焦りを感じ
『これはもう限界だ。これ以上待機していて人が増えたら、ジョンを安全にホテルまで連れて帰れる保証はない』

と思い始めたとき、運よくすぐ隣が麻布警察署だったため、警察官が数名やって来るのが見えた。

『助かった。これでお巡りさんがどうにかしてくれるだろう』

と安心したが、すぐにその考えは甘かったことを思い知る。

大勢集まったファンを警察官が交通整理しようとしたものの、あまりに人が多すぎて、思うように対処できなかったため、警察官はキャデラックの運転手である父に、今すぐここを立ち去るようにと命じてきた。

父は仕方がなくお店の中に入り、店主とジョンに事情を伝え、商品については後からホテルに持ってきてもらえるよう約束をして、すぐにお店を出ることをジョンに承諾させた。

しかし、このとき既に正面入り口付近は人で溢れかえっていたために、父は店の裏口から出させてもらえるようにお店の人に交渉し、了解を得た。

靴を脱いでいる暇も惜しまれたため、靴のまま畳に上がることの了解をお店の人に得て、ジョンにその旨を伝えると

「えっ？　靴のまま畳に上がってもいいの？」

と家の中では靴を脱ぐのが当たり前だという日本の生活様式をよく知っているジョンらしく、驚いたようにもう一度自分でお店の人に質問を投げかけ、店主の了解を得ると、そそくさとスタッフと一緒に靴のまま畳に上がり、裏口へと消えていった。

それを見届けた父は、再び車に戻ると、警察官に事情を話し、裏口に抜けるために人垣を崩す協力をしてもらい、やっとの思いで車を発進させた。

その頃にはなんと、近くにあった民放のテレビ局からカメラを担いだスタッフが何人か小走りでやって来る姿が目に入った。

彼らにジョンの映像を撮られては一大事だと、父は大急ぎで車を発進させ、お店の裏側に回してどうにか無事にジョンを連れ出すことに成功した。

車が発進するとジョンはやや名残惜しそうな表情をしながらも
「イチジマさん、今のお店には僕が気に入った品物がたくさんありました。とても神秘的で魅力的な骨董品や香炉がみつかりました。ありがとうございます。本当にありがとう」

と律儀にお礼を言ってきた。

このように大変慌しいショッピングではあったが、どうにか所期の目的を達成することができ、ジョンもそれなりに満足した様子であった。

十分時間が取れなかった分は、後ほど各店の方々が、東京ヒルトンホテルに品物をいくつか持参して訪問してくれることで話がついていたので、この後じっくりと見られるといった楽しみも残っていた。

それがジョンの表情を一層穏やかにしているように父には感じられた。

しかし、ジョンの願いを叶えられたというある種の「達成感・満足感」に浸りながらのんきに東京ヒルトンホテルに帰りついた父は、あっという間に現実の厳しさに引き戻された。

東京ヒルトンホテルでは、なんと既にお昼の武道館ライヴに向けて、今にも出発しようとスタッフ一同が車に乗り込み、準備を終えていたのである。
間一髪、間に合いはしたものの日英のスタッフ一同、並びに警察関係者の冷たい視線を一身に浴びた父は
『これはまずいことになったな。後で大目玉を喰らうだろうな』
と覚悟を決めざるを得なかった。

後から聞いたところによると、どうやらジョンの脱走騒ぎに乗じて？　その直後にポール・マッカートニーもホテルを抜け出していたことがわかった。

ポールはどうやら協同企画エージェンシーの中村実さんに頼んで、ロードマネージャーのマル・エバンスと一緒に脱走したらしいとのことであった。

しかし、ポールはすぐに見つかり、ホテルに連れ戻されていたようである。

父曰く

「ジョンとポールはもしかしたら、事前に示し合わせて同じ日に脱走を図ったのではないだろうか。ただ、行きたい場所がそれぞれ違っていたために、一緒ではなく別々の人間に依頼をしたのではないだろうか」

ということであった。

だとすると、もしかしたら中村さんも父のように悩みに悩んだ末、脱出大作戦を色々と考え、決行したのかもしれない……。

そう考えると、何となく中村さんに親近感を抱いてしまう、と父が語っていた気持ちもわかるような気がする。

かくして、ジョンとポールのダブル脱走劇が、偶然にも同じ日に決行されていたのであった。

さて、脱出を企てた父は、予想通り、その日のうちに警察関係者の最も偉い人に呼び出され、またこっぴどくお叱りを受けることになった。

「もし、ジョンに何かあったら、どう責任を取るつもりなんだ！　あんただけの責任じゃ済まないんだぞ！　わかっているのか！　俺たち警察関係者だって処分を受けることになるんだぞ！　そうなったら俺たちの生活をどうやって保障するつもりなんだ！　あんたが俺たちの家族まで養ってくれるのか！　えっ、どうなんだ！」

と、それはそれは厳しく、しつこく責められたとのことである。

さすがに今回ばかりは、父としても返す言葉もなく、一切の言い訳は通用しないのはわかっていたので、ひたすら頭を下げ、叱られ続けたという。

今回のことがあったためか、それとも最初からそのように計画されていたのかは定かではないが、この脱走劇があって以降、二度と父のピンクのキャデラックをビートルズメンバーの移動の際に使うことはなく、スタッフが移動するときにのみ使用されたそうである。

しかし、ジョンは違っていた。

彼は父に心から感謝しており、さらに自分の希望を叶えるために父が警察関係者から大目玉を喰ったことを承知していたため、これまで以上に父に親近感を覚えたようで、スタッフの目を盗んでは、何かにつけて父の元へとやってきた。

実際、武道館のライヴからホテルに帰る際も、本来はメンバー全員が協同企画エージェンシーが用意したキャデラック・リムジンに乗るべきところを、スタッフの目をかいくぐって、ジョンだけはピンクのキャデラックに乗ってきて、父の運転する車でホテルに帰ることもあったという。

そのときに連なる車両の隙をついて、ジョンの写真を撮ろうとする報道関係車両がピンクのキャデラックの前に割り込もうとしたことがあったが、初日に警察官上官から

「前の車との間隔を空けずに走るように」

と厳しい叱責を受けていた父は、その教えを活かして難を逃れたと苦笑して語った。

ジョンはその日のライヴ後に

「イチジマさん、僕のためにあなたに大変な迷惑をかけてしまったようで申し訳ありませんでした。これであなたが、もし首にでもなるようなことがあったら、僕はどうしたらいいのかわかりません」

と真剣に悩んだ様子で心配してくれた。

父は笑顔で

「大丈夫だよ。私は警察署や協同企画エージェンシーに雇われているわけではないので、絶対に首にはならないさ。まあ、唯一もうきみたち全員を直接私の車に乗せてあげることが許されないであろうことだけが、とても残念だけどね」

と言うと、ジョンは優しい目で父を見つめ、色紙を持ってきて目の前でサインを書き、父にプレゼントしてくれたという。

また、ジョンは感謝の気持ちとして、マネージャーのエプスタインを通じて四人のサインが書かれた色紙を数枚父にプレゼントしてくれた。

六　さまざまな別れ～永久に

こうして、「ジョン・レノン東京ヒルトンホテル大脱出劇」は閉幕した。

大きな企てを終えてしまうと、何となく気が抜けてしまう、というのは誰しもよくあることだが、父もまた同じだったようだ。

「ジョン・レノン東京ヒルトンホテル大脱出劇」という大きな任務（？）を終えた後は、何となく気が抜けたような感じだったと当時のことを振り返っている。

武道館の会場内で彼らのライヴが終わるのを待っているときも、元々ロックが好きではないということもあるが、歌を楽しむというよりはむしろ、観客の様子を観察することで待ち時間を潰していたようだ。

キャーキャー叫びながら失神して倒れる女性客を探しては、近くの警備員に教えてあげたり、何やら騒動を起こして警備員に引っ張り出されて行く男性客を興味半分に見ていたり、さらには場内にいる警察官とおしゃべりを楽しんでいたりしていたというのだから、これまたチケットが取りたくても取れなかったビートルズファンの方々には申し訳ない限りである。

しかしながら、「ジョン・レノン東京ヒルトンホテル大脱出劇」によって、約束どおり「北川象牙店」や「朝日美術」の方々が多くの商品を持参してヒルトンホテルを訪れてくれたことによって、ジョンのみならず、ビートルズのメンバー全員が日本の古美術品や民芸品などのお土産品を興味深く見て楽しめたというのだから、これはこれで大成功だったというべきではないだろうか。

ビートルズが帰国して数日が経った頃、

古美術品・骨董品を扱う「朝日美術」のお店の方が、父の会社を訪れた。

「よくぞ私たちのお店にジョン・レノンを連れてきてくださいました。これは私の店と『北川象牙店』両方からのお礼の気持ちです」

と、わざわざお礼を持って来られたという。


確かに、父の取った行動は軽率以外の何ものでもなく、これで何か事故があったときには何をもってしても償えることではなかったであろう。

しかし、どこの国に行っても缶詰状態で嫌気が差し、一説によると
「こんな缶詰状態で自由がないのなら、もう解散したい」

とまで発言していたらしいとされるジョンの心理状態を考えたとき、父の取った行動は少なからずジョンにとっては「大いなるガス抜き」になったことは間違いないであろう。

それが証拠に、今回の事件以来、主催者側がいくら制止してもジョンだけは父の運

転するキャデラックに乗ってきたり、数年後にジョンが奥さんや子供を伴って再来日した際にも、そのときに彼らが滞在した「ホテルオークラ」を通じて、わざわざ父の勤務先を探し当て、連絡を入れてきてくれたりした。

「ジョン・レノンが現在、当ホテルに宿泊しているのですが、ザ・ビートルズ来日当時にあなたに大変お世話になったので、是非お会いしたいと言っているのです。恐縮ですが、当ホテルまでお越しいただけませんか」

とホテルオークラのスタッフから電話をもらった。

父も彼の義理堅さに感動すると同時に、是非再会を果たしたいと願い、その日のうちにホテルオークラを訪れた。

こうして父とジョンは、ホテルオークラのロビーで数年ぶりの感動の再会を果たすことができた。

ジョンが一運転手に対してこれほどまでに気遣いを見せてくれるのは、おそらく初来日のときのジョンの心理状態において、彼の無謀な依頼を快く引き受けてくれた父の判断を高く評価してくれている証拠ではないだろうか。

このようにして、ビートルズとしては最初にして最後の来日となった五日間のドラマが終わるわけだが、実はもう一つ父にとってはとても人には語れない、とんでもない最終章のオチが残っていた。

この事実は、それこそ世間では無関心だろうし、知っている人も少ないと思われる。

また、知ったとしても別段このことを気にかける人もいないと思われるが、父にとっては一生涯忘れることのできない痛恨のミステイクなできごとだった。

それは、一九六六年七月三日。ビートルズ日本滞在の最終日に起こった。

彼らを無事、最終日に羽田空港まで送り届けることが、自分に与えられた最大の使命だと認識していたはずの父が、こともあろうか、なんと最終日に寝坊をしてしまい、目覚めたときには十階のフロアーは水を打ったようにシーンと静まり返っていて、すでに誰の姿も見えなかったという。

まるで、映画のワンシーンのように、サ～ッと頭から血の気が引いていくのを感じた父は、慌てて着替えだけを済ますと、朝食も摂らずに駐車場へ向かって一目散に走ったという。

駐車場ではみんな既に乗車を終えていて、一部の日本人スタッフが遅れてきた父を冷たい目で迎えたという。

それでも父を残して出発しなかったのは、来日以来ビートルズ一行を彩る一種のトレードマークのような存在になってしまった「ピンクのキャデラック」の存在があったからではないだろうか。

主催側としても、来日初日に運命のいたずらによって、彼らメンバー全員を乗せることになって一躍脚光を浴びた「ピンクのキャデラック」を置いていく勇気がなかったのかもしれない。

それほど強烈なインパクトで、ビートルズ来日とピンクのキャデラックが結びついていたのでは？　という見方は考えすぎだろうか。

しかし、安全性や運転技術の確かさだけを追求するならば、最初からプロの運転手を配備したハイヤーを雇うはずである。

そうではなく、今回の企画に際し、協同企画の永島氏がピンクのキャデラックを指名してきた背景には、「キャデラック・デビル」の持つ独特の優美な姿、ロケットを思わせるようなテールの形の力強さや、光沢のある淡いピンクの美しさ、重量感ある車体に魅了されたことがあったに相違ない。

そして、その永島氏の企画力が見事に的中して、ビートルズファンにも強烈にピンクのキャデラックを印象づけることに成功したといっても過言ではないだろう。

それが証拠には、ビートルズが五日間日本に滞在中、全員で乗ったのはただの一度にすぎないにもかかわらず、ビートルズファンのほぼすべての人が「ピンクのキャデラック」を認識しているという事実が証明しているだろう。

結局、ピンクのキャデラックにはエプスタインマネージャーともう一人、おそらく衣装マネージャーと思われる者が乗り、羽田空港に向けて出発した。

この出来事は、父にとってはそれこそ自分の人生においても五本の指に入るくらいの「穴があったら入りたい」ほどの大失態であり、父が後々あまりビートルズのことを話したがらなかったのも、実はここに原因があったのかもしれない……。

そういえば、自分が何歳のときの記憶だったたか、また現実に見た場面なのか、自分の心理が映像化されたものなのかはっきりとはわからないが、ビートルズの特集番組が何度か放送された中の一つに、最後に羽田空港へ彼らが帰っていくシーンがテレビで放送されたことがあったような気がする。

その中にピンクのキャデラックの姿は見えず、「父が寂しげに彼らを見送る後ろ姿が映し出されたシーン」が私の脳裏に克明に刻まれている。

あの場面は、現実にテレビ放送された実在の映像なのか、それとも後から父に聞いた「寝坊の話」の中で、子供心に父への憐憫からイメージ化され、頭の中に創られた映像であったのかが、どうも定かではない。

しかし、父の話では最終的には彼らと一緒に羽田空港に向かって移動したというのだから、あれは実像ではなく、自分の心像が映像化されたものであったのだろう。

それにしては、やけに鮮明に父の寂しげな背中が自分の脳裏に焼きついていたのが、何とも印象的で不思議である。


イギリスが生んだ大スター、ザ・ビートルズのメンバー全員を車に乗せ、後にそのメンバーの中で唯一日本人と結婚をし、日本をこよなく愛したジョン・レノンのために、自分の人生を賭けてまで「東京ヒルトンホテル脱出大作戦」を見事にやり遂げた父に対し、私は息子として「あっぱれ！」をあげたい。

確かに主催側から言わせれば、一人の人間の勝手な判断、勝手な行動により、万が一にも招待した世界的スターの一員に怪我などさせたらと考えると「あっぱれ」どころか父のとった行動は決して褒められたものではなかったかもしれない。

それでも、父の英断（？）がジョンにとっては、日本の素晴らしさ、日本文化の素晴らしさを再認識することにもつながり、もしかしたらその感動が、この後すぐに出会い、やがては夫婦の契りを結んだ日本人女性であるオノ・ヨーコさんとのこれからにつながった可能性も、ゼロではないかもしれない。

若干話が飛躍しすぎたかもしれないが、そうであったことを祈る思いは持ち続けていたい。


後日談になるが、エプスタインからもらったメンバー四人がサインをした色紙が、すべてマネージャーのエプスタインの指示により偽者の手によって書かれたものであったことが後に判明した。

この事実を父や私たち家族が知ったのは、実は一九九九年の九月に父が出演した民放テレビ局の「開運なんでも鑑定団」の鑑定士により筆跡鑑定をしてもらった結果、明らかになったことだった。

ちなみに、番組への出演には、父が嫌がったにも関わらず私が勝手に応募をしてしまい、テレビ局のスタッフと一緒になって渋る父を説得して、最終的には出演してもらったという経緯がある。

このエプスタインの取った行動は、義理と人情を大切にする日本人の感覚からするととても理解に苦しむところだが、多忙なビートルズの当時の状況から考えると、これもまた致し方ないのかもしれない。

最も、元々芸能人どころか芸能界に執着しない父の性格なので、それらの色紙はほとんど「欲しい」という人にあげてしまい、今現在手元には、初日にキャデラックの中でもらったサイン入りブロマイド一枚と、偽者の手によって書かれたと思われる四人のサインが連なった色紙一枚しか残されていない。

また、目の前でジョン・レノン本人が直接ペンで書いてくれた（それも、マジックペンが無かったため、ボールペンで書いてくれた希少性の高い）彼単独の本物のサイン色紙についても、父がオーレル・インシュランス・カンパニーの後に勤めた外資系会社の社長令嬢が欲しがったために、いとも簡単にあげてしまい、現在手元には残っていない。

もしそれを今持っていたら、「今は亡きジョン・レノンの手書きサイン」ということで貴重なものとなっていたであろうことは間違いないが、それもまた「父らしくて」いいのかもしれない。

似た話でいえば、武道館からホテルへ帰るとき、ジョンだけはスタッフの目をかいくぐって、父の運転するピンクのキャデラックに乗り込んだことがあったと書いた。そのとき、ジョンがライヴで流した汗を拭いた白いバスタオルがキャデラックの中にそのまま放置されていたことがあった。

ビートルズファンやジョン・レノンファンからすれば、ジョンの汗が染み付いたタオルともなれば、相当価値の高いものだろうし、おそらく大切に何らかの方法で保存することを試みるのであろう。

ところが、我が家ではこともあろうか、なんとそのバスタオルを、何の惜しげもなく風呂上りの足拭きタオルとしてしばらく使ってしまっていたのだから、ファンの方々には申し訳ない限りである……。

何しろ欲がなく、幼い頃自分が苦労した分、人には苦労させないように人一倍他人を気遣う性格に育ってしまったようなのだ。

いずれにせよ、父の「若気の至り」「若き日の過ち」が、逆にビートルズファンやジョン・レノンファンにとっては、この上なく胸ときめく、歴史に残るドラマを展開したことだけは間違いない。

後日、ジョンから連絡が来てホテルオークラで再会した際に聞いた話によると、彼が「朝日美術」や「北川象牙店」等で購入したすべての骨董品や土産品類は、あろうことか次の訪問国であったフィリピンのマニラですべて没収されてしまったとのことであった。

あれだけ心躍らせながら購入した総額五百万円とも言われる品々のすべてを取り上げられたというのは、真に気の毒としか言いようがない。

ジョンとの再会で父は、ジョンからこのような思いがけない事実を聞かされることになり、父もまた同時に、自分がジョンたちの来日最終日に寝坊をしてしまったため、大慌てで遅れて駐車場に駆け込んだ話をすると、やはりジョンはその事実を知らず

「そうだったのですか。それでピンクのキャデラックは閉まっていたのですね。実は僕は最終日に、どうしてもイチジマさんの車に乗って羽田空港まで行きたいと考え、何度かスタッフの目を盗んではリムジンから降り、ピンクのキャデラックに乗ろうとチャンスを窺っていたのです。けれども、なぜかあなたの姿は見えないし、車は鍵がかかったままになっていたので、どうしたのか気になっていたんですよ。そうだったのですか、単なる寝坊だったのですか」

と初めて真実を知り、ジョンはお腹を抱えて大笑いしていたという。

数年後に再会して初めて、お互いが知らなかったことを語り合うことができ、わずかな時間ではあったが、とても有意義なひとときが過ごせたと父は語っていた。

決して偉ぶることなく、気さくに且つ礼儀正しく接してくれたジョンは、父にとって生涯忘れることのできない「心の大親友」であったという。

この再会のときも、父は彼にサイン一つねだることはしなかったし、カメラを持参するようなこともしなかったというのだから、これまた「あっぱれ」である。

「親友からサインを欲しがるような人は本当の親友ではないだろう」

というのが父の持論である。

一九六六年に、父に素晴らしいチャンスを与えてくれ、私たち家族を誰よりも愛してくれたオーレル・インシュランス・カンパニーの社長、ポール・W・オーレルには、父のみならず私たち家族も改めて感謝の念でいっぱいである。

しかし、とても悲しく、残念なことに、彼は家庭の事情から、この二年後に一人心を閉ざしたまま、港区内にあるホテルから飛び降り自殺を図り、亡くなってしまった。

そのときの記事は日本の新聞にも掲載され、幼いながらもその新聞記事を読んだ時の驚きが私の記憶にはっきりと残っている。

あれほど実の息子のように愛してくれていた父にさえも何も相談せず、自殺という道を選ばざるを得なかったオーレル社長の孤独な思いを察すると、やりきれない気持ちでいっぱいである。

どうにかして彼を救えなかったのか……。

なぜ、彼の苦悩に気づいてあげられなかったのか……。

オーレル社長の死後、遺体の本人確認から警察の事情聴取、役所等への書類の届け出など、すべての手続きを悶々とした気持ちの中で熟しながら、父はしばらくの間心が晴れる日はなかったと苦渋の表情を浮かべながら語ってくれた。

本人の遺言に従って、後日プロペラ機から海に向かって彼の遺骨を散骨した父は、機体に当たる遺骨の音が「ジミー、ジミー」と叫んでいるように聞こえたと語っていた。

ジョン・レノンもまた若くして、暴漢者の手によって愛する妻の目の前で、その生涯に幕を閉じた。世界中のファンに惜しまれながら……。

終章

「ジョン・レノンを東京ヒルトンホテルから脱出させた男」も今となっては「米寿」を過ぎ、次なる目標である「卆寿」に向かって折れ曲がった腰で必死に歩いている。

高齢者による自動車運転事故が多発する昨今ではあるが、父は今でも曲がった腰を伸ばしながら、時々ハンドルを握ることがある。

おそらく、時には「若かりし頃、ザ・ビートルズを乗せたこと」を思い出しながら車を走らせることもあるのではないだろうか。

奇しくも、現在父が車を停めている駐車場の入り口向かい側に、数年前から近所の人が所有するピンクのキャデラックが停まっている。

車種や年式こそ異なるが、重量感あるピンクのキャデラックは、父に往時のことを彷彿させているに違いない。

これも単なる偶然なのか、あるいは空の上からジョンなりオーレル社長なりが
「俺たちのことを忘れるなよ」

と語りかけているのかは定かではない。

AMAGI LODGE

天城高原ロッジ
AMAGI LODGE

いずれにしても、これまで人にほとんど語ることのなかったザ・ビートルズ来日当時の思い出を、今回の執筆を機に父が語ってくれたことや、思いもかけない数々のエピソードがあったことなどを知ることができ、とても幸せに感じた。

父も卆寿を目前にし、日々薄れ行く記憶の中で彼らと過ごした五日間を振り返り、たった五日間ではあったが楽しくもあり、ある面苦しくもあった、ジョンと共に過ごした日々の自分史をまとめられたことに感謝していた。

当初本書の出版について提案したとき、父は反対した。

自分の恥を何も好き好んで本にして人様に晒すことはないと頑なに拒んだ。

しかし、ビートルズファンにとってみれば、父がキャデラックの中でメンバーと交わした会話やホテルであった様々な出来事、さらにはジョン・レノンを何故、どのようにしてホテルから脱出させたのかなどの出来事は、魅力的な内容であるに相違ない、と弟と粘り強く説得した。

完全には納得しないまでも、父から当時のことを時系列に細かく聞き、幼かった私や弟の記憶と重ねながら辿っていくと、日に日に父の表情が和らぎ、自分から進んで話してくれることも多くなった。

活字になり、何度も校正をくり返したが、その度父は必ず自分でも読み、一つ二つ新たに思い出したことを教えてくれた。

年齢が年齢だけに、記憶があいまいだったり、最初からすべてをきちんと思い出せなかったりすることもあり、一進一退しながら書き進めていったが、一つの場面について談話していると

「そうだよ、こんなこともあったんだぞ」

と新たな記憶が突然甦り、慌てて書き留めることもしばしばあった。

最終的にはゲラ刷の段階にきても新たに二つの事実を思い出して書き加えるような状態で、出版社の方々には多大なるご迷惑をお掛けしてしまった。

しかし、苦労の甲斐もあり、卆寿を目前にしてどうにかまとめあげることができた

本書、この執筆を機に、ジョンやオーレル社長の分まで長生きして、次の次の目標である「白寿」、さらには最長寿記録を塗り替えることにチャレンジしてみてはどうだろうか。

数々の奇想天外なことをやり遂げてきた男だけに、もしかしたら奇跡が起こるかもしれない……。

父が迷惑をかけたであろう多くの関係者に心からお詫びすると同時に、ご支援くださった方々に心から感謝しながらペンを擱《お》く。

本書は入内島泰広の父、入内島登氏の話を元に書かれたものです。

本文中の写真の説明

7ページ　ピンクのキャデラックと入内島　登氏
17ページ　ポール・W・オーレルとオーレル夫人
23ページ　入内島　登氏と入内島夫人、筆者入内島泰広氏と野球チームメイト
59ページ　日本武道館駐車許可証
75ページ　オーレル社長と入内島　登氏
87ページ　東京ヒルトンホテル十階通行証
125ページ　入内島氏がお礼にもらったザ・ビートルズメンバーのサイン色紙（後に偽物と判明!?）
143ページ　家族写真　天城山別荘周辺にて

（編集部注）

『ザ・ビートルズをピンクのキャデラックに乗せた男　ジョン・レノン 東京ヒルトンホテル脱出行』を編集するにあたり、宮永正隆著『ビートルズ来日学　1996年、4人と出会った日本人の証言』を参考にいたしました。

著者プロフィール

入内島 泰広（いちじま やすひろ）

1956年生まれ、埼玉県川口市在住。

1979年、城西大学経済学部経済学科卒業。

小島電機工業株式会社に勤務。

父が米寿を迎えたことをきっかけに、記憶が薄れないうちにビートルズ来日当時の様子を聞いて書き留めようと思い、本作を執筆した。


ザ・ビートルズをピンクのキャデラックに乗せた男 ジョン・レノン 東京ヒルトンホテル脱出行

2018年2月15日　初版第1刷発行

著　者　入内島 泰広
発行者　瓜谷 綱延
発行所　株式会社文芸社
〒160-0022　東京都新宿区新宿1－10－1
電話　03-5369-3060（代表）
03-5369-2299（販売）

印刷所　図書印刷株式会社

ISBN978-4-286-19198-0